Kunst- und Kulturmanagement

Reihe herausgegeben von
Andrea Hausmann, Institut für Kulturmanagement
Pädagogische Hochschule Ludwigsburg, Ludwigsburg, Deutschland

Ziel der Reihe „Kunst- und Kulturmanagement" ist es, Studierende, Wissenschaftler, Kunst- und Kulturmanager sowie sonstige Interessierte in komprimierter Weise in das Fachgebiet einzuführen und mit den wesentlichen Teilgebieten vertraut zu machen. Durch eine abwechslungsreiche didaktische Aufbereitung und die Konzentration auf die wesentlichen Methoden und Zusammenhänge, soll dem Leser ein fundierter Überblick gegeben sowie eine rasche Informationsaufnahme und -verarbeitung ermöglicht werden. Die Themen der einzelnen Bände sind dabei so gewählt, dass sie den gesamten Wissensbereich des modernen Kunst- und Kulturmanagement abbilden. Für die Studierenden muss eine solche Reihe abgestimmt sein auf die Anforderungen der neuen Bachelor- und Masterstudiengänge. Die (auch prüfungs-) relevanten Teilgebiete des Fachs „Kunst- und Kulturmanagement" sollen daher abgedeckt und in einer komprimierten, systematisch aufbereiteten und leicht nachvollziehbaren Form dargeboten werden. Für bereits im Berufsleben stehende Kunst- und Kulturmanager sowie sonstige Interessierte muss die Reihe den Anforderungen gerecht werden, die eine arbeits- und zeitintensive Berufstätigkeit mit sich bringt: Kurze und prägnante Darstellung der wichtigsten Themen bei Sicherstellung aktueller Bezüge und eines qualitativ hochwertigen Standards. Es ist unbedingter Anspruch der jeweiligen Autorenbücher, diesen Interessenslagen gerecht zu werden. Dabei soll neben einer sorgfältigen theoretischen Fundierung immer auch ein hoher Praxisbezug gewährleistet werden.

Gesa Birnkraut

Evaluation im Kulturbetrieb

Werteorientierung, Wirkungsmessung, Impact

3. Auflage

Gesa Birnkraut
Hochschule Osnabrück
Osnabrück, Deutschland

ISSN 2626-0557 ISSN 2626-0573 (electronic)
Kunst- und Kulturmanagement
ISBN 978-3-658-43173-0 ISBN 978-3-658-43174-7 (eBook)
https://doi.org/10.1007/978-3-658-43174-7

Die Deutsche Nationalbibliothek verzeichnet diese Publikation in der Deutschen Nationalbibliografie; detaillierte bibliografische Daten sind im Internet über https://portal.dnb.de abrufbar.

© Der/die Herausgeber bzw. der/die Autor(en), exklusiv lizenziert an Springer Fachmedien Wiesbaden GmbH, ein Teil von Springer Nature 2011, 2019, 2024
Das Werk einschließlich aller seiner Teile ist urheberrechtlich geschützt. Jede Verwertung, die nicht ausdrücklich vom Urheberrechtsgesetz zugelassen ist, bedarf der vorherigen Zustimmung des Verlags. Das gilt insbesondere für Vervielfältigungen, Bearbeitungen, Übersetzungen, Mikroverfilmungen und die Einspeicherung und Verarbeitung in elektronischen Systemen.
Die Wiedergabe von allgemein beschreibenden Bezeichnungen, Marken, Unternehmensnamen etc. in diesem Werk bedeutet nicht, dass diese frei durch jedermann benutzt werden dürfen. Die Berechtigung zur Benutzung unterliegt, auch ohne gesonderten Hinweis hierzu, den Regeln des Markenrechts. Die Rechte des jeweiligen Zeicheninhabers sind zu beachten.
Der Verlag, die Autoren und die Herausgeber gehen davon aus, dass die Angaben und Informationen in diesem Werk zum Zeitpunkt der Veröffentlichung vollständig und korrekt sind. Weder der Verlag noch die Autoren oder die Herausgeber übernehmen, ausdrücklich oder implizit, Gewähr für den Inhalt des Werkes, etwaige Fehler oder Äußerungen. Der Verlag bleibt im Hinblick auf geografische Zuordnungen und Gebietsbezeichnungen in veröffentlichten Karten und Institutionsadressen neutral.

Planung/Lektorat: Franziska Remeika
Springer VS ist ein Imprint der eingetragenen Gesellschaft Springer Fachmedien Wiesbaden GmbH und ist ein Teil von Springer Nature.
Die Anschrift der Gesellschaft ist: Abraham-Lincoln-Str. 46, 65189 Wiesbaden, Germany

Wenn Sie dieses Produkt entsorgen, geben Sie das Papier bitte zum Recycling.

Vorwort

Was hat sich während der letzten weiteren sechs Jahre auf dem Themengebiet Evaluation in der Kultur verändert? Diese Frage trieb mich um, als ich mich daransetzte, die 3. Auflage des Buches zu gestalten. Grundsätzlich ist die Diskussion viel stärker in Richtung Wirkungsmessung gegangen. Viele Kultureinrichtungen fragen sich, wie sie auf der einen Seite noch besser gestalten können, welche Wirkung sie erlangen. Und auf der anderen Seite, wie sie diese Wirkung auch sichtbar machen können. Evaluationen und Wirkungsmessungen werden immer mehr als Lernprozesse gesehen, die auch zu wichtigen Veränderungen in der Organisation selbst führen können.

Gerade durch die Corona Pandemie mussten sich Kultureinrichtungen viel intensiver der Frage stellen, welchen Stellenwert sie in der Gesellschaft innehaben und wie sie sich selbst dort positionieren. Diese Frage stellt sich fast noch stärker nach der Pandemie, denn viele Einrichtungen stehen vor der Herausforderung ihr Publikum zurück in die Säle zu bringen. Auch hier kann die Wirkungsmessung Antworten geben und Veränderungen anschieben.

Betrachtet man die unterschiedlichen Ebenen, die dieses Buch seit der ersten Auflage betrachtet, kann man folgende Aussagen treffen:

Politische Ebene:

Noch immer werden meiner Meinung nach Entscheidungen zu selten auf der Basis von Evaluationen getroffen. Die vielen Extra Programme die in der Corona Zeit aufgelegt wurden, sind allerdings fast alle evaluiert worden, auch mit dem Zweck zu entscheiden, was sich ändern sollte/könnte. Welche Entscheidungen daraus gezogen werden, muss sich in den nächsten Jahren zeigen.

Institutionsebene:

Hier kann man deutlich mehr Affinität für die Themen wahrnehmen, die Beteiligung ist größer geworden. Es gibt erheblich mehr eigeninitiierte Systeme, die nichts mit den Geldgebenden zu tun haben, daher kann man auch verstärkt das Thema Evaluation als Lernprozess beobachten. Wirkungsmessung wird als Thema für Konferenzen und ThinkTanks gesetzt und viele Kulturverbände betrachten das Thema mit neuem Interesse.

Beratungsebene:

Die Entwicklung setzt sich hier fort: Die einzelnen Bereiche werden immer durchlässiger – Good und Best Practice werden aus den Bereichen Entwicklungszusammenarbeit, Soziales, Bildung gesucht und für den Kulturbereich adaptiert. Mehr Unternehmen sind an dem Thema Wirkung interessiert, auch mehr Stiftungen kümmern sich um dieses Themengebiet. Damit gewinnt auch das Thema Evaluation an Interesse.

In der 3. Auflage sind neue Kapitel dazu gekommen zu Standards von Evaluationen und auch zu den grundsätzlichen Themen der Systemveränderung. Ich habe neue Instrumente hinzugefügt und habe aktuelle Beispiele und Modelle mit hinein genommen. Das Thema der Wirkungsmessung wird in der 3. Auflage immer präsenter.

August 2018   Gesa Birnkraut

Inhaltsverzeichnis

1 **Einleitung** 1
2 **Definition des Wortes Evaluation** 5
   2.1 Evaluation im Kontext zu anderen Begriffen 5
   2.2 Evaluation von Projekten und von Institutionen 12
   2.3 Evaluation von Prozessen 12
      2.3.1 Wissenschaftlichkeit von Evaluationen 13
   2.4 Abschließende Betrachtung 14
3 **Standards von Evaluationen** 17
   3.1 Standards der OECD 17
   3.2 Standards der Deutschen Gesellschaft für Evaluation 19
   3.3 Weitere Zusammenstellungen von Standards 20
   3.4 Zusammenfassung 21
4 **Evaluation als Treiber für Systemveränderung** 23
   4.1 Theory U und systems change 23
   4.2 Development Goals 25
   4.3 Systeme der Verantwortung 27
      4.3.1 Benefit Corporation und B Corp Zertifizierung 29
      4.3.2 Gemeinwohlökonomie 30
   4.4 Zusammenfassung 31
5 **Evaluation und Kulturpolitik** 33
   5.1 Deutschland 34
      5.1.1 Kulturförderung 34
      5.1.2 Kulturpolitik 35

		5.1.3	Evaluation	36
		5.1.4	Nationale Ebene	37
		5.1.5	Kommunale Ebene	38
	5.2	Großbritannien		42
		5.2.1	Kulturförderung	42
		5.2.2	Kulturpolitik	42
		5.2.3	Evaluation	43
	5.3	Niederlande		44
		5.3.1	Kulturförderung	44
		5.3.2	Kulturpolitik	45
		5.3.3	Evaluation	46
	5.4	Schweiz		47
		5.4.1	Kulturförderung	47
		5.4.2	Kulturpolitik	48
		5.4.3	Evaluation	49
	5.5	Zusammenfassung		50
6	**Formen der Evaluation**			51
	6.1	Interne und externe Evaluation		53
	6.2	Expertenevaluation		54
	6.3	Vorab-, formative und summative Evaluation		55
	6.4	Impact Value Chain Modell		56
	6.5	Wirkungsmessung		62
	6.6	SROI		66
	6.7	CIPP Modell		68
	6.8	Voraussetzungen für eine funktionierende Evaluation		70
7	**Ablauf der Evaluation**			75
	7.1	Formen der Berichterstattung		81
8	**Kennzahlen und Indikatoren**			85
	8.1	Quantitative Kennzahlen		87
	8.2	Qualitative Kennzahlen		90
9	**Instrumente**			95
	9.1	Most Significant Change (MSC)		95
	9.2	Appreciative Inquiry		96
	9.3	Measuring of Well-Being		97
	9.4	Road Journey		98
	9.5	Fragebögen		99
	9.6	Persönliche Gespräche		104

	9.7	Beobachtungen 108
	9.8	Mehrdimensionale Untersuchung 111
	9.9	Balanced Score Card System (BSC) als Grundlage 112
	9.10	Organisational Capacity Assessment 113
10	**Kleine Helfer** 117	
11	**Wirkungen und Veränderungen durch Evaluation** 123	
12	**Empfehlungen an Kulturinstitutionen und Kulturpolitik** 127	
	12.1	Empfehlungen für die Institutionen 128
	12.2	Empfehlungen für die Kulturpolitik 130
	12.3	Zusammenfassung 131

Kommentierte Handbücher 133

Literatur 141

Einleitung 1

Das Thema Evaluation – speziell in der Kultur – ist in den letzten Jahren intensiv diskutiert und besprochen worden. Evaluation wird dabei in vielerlei Hinsicht immer wieder unterschiedlich definiert und genutzt – geradezu instrumentalisiert wird der Begriff, je nachdem, wer ihn benutzt. Für die einen ist er der Inbegriff des Instruments, um Nicht-Messbares endlich messbar zu machen, um Erfolg anhand von Kennzahlen transparent zu machen. Für die anderen ist es das Schreckgespenst, das unmögliche Instrument, das nichts bringt und versucht, Kunst messbar zu machen. Eine Kontrolle von Dingen, die nicht kontrolliert werden wollen und können.

Hier ein Mittelmaß zu finden, das deutlich macht, was Evaluation möglich machen kann und wo ihre Grenzen liegen, ist schwer, vor allem wenn eine solche Fülle an Missverständnissen, Missinterpretationen und diversen Definitionen vorliegt.

Dieses Buch soll einen Überblick geben über die nationalen und internationalen Entwicklungen zum Thema Evaluation und Wirkungsmessung in der Kultur. Außerdem geht es darum, praxisnahe Instrumente und Methoden aufzuzeigen, die jeder in seinem eigenen Projekt und in seiner eigenen Institution schnell und einfach einsetzen kann. Es geht darum, den Lesenden das Prinzip einer nachhaltigen und kontinuierlichen Evaluation nahezubringen und die Möglichkeiten aufzuzeigen, die durch eine Evaluation geschaffen werden.

In meiner Praxis als Beraterin ist einer unserer Beratungsschwerpunkte das Thema Evaluation. Meine Überzeugung ist es, dass eine kontinuierliche Evaluation einen entscheidenden und erheblichen Mehrwert für eine Einrichtung und ein Projekt bedeuten kann. Ich bemerke aber auch immer wieder die Scheu und die Hemmungen, die bei dem Thema – ja schon bei der Nennung des Wortes – aufseiten der Kultureinrichtungen und Kulturschaffenden sichtbar werden. Das ist meiner Meinung nach schade und schädlich.

© Der/die Autor(en), exklusiv lizenziert an Springer Fachmedien Wiesbaden GmbH, ein Teil von Springer Nature 2024
G. Birnkraut, *Evaluation im Kulturbetrieb*, Kunst- und Kulturmanagement,
https://doi.org/10.1007/978-3-658-43174-7_1

Ein Grund für diese Scheu liegt darin, dass sich Kulturinstitutionen dagegen wehren, dass künstlerische Qualität gemessen werden kann. Das ist in der Tat ein wichtiger Punkt. Dieses Thema soll in diesem Buch genauso diskutiert werden wie die Evaluation von nicht-künstlerischen Prozessen.

Zugrunde gelegt wird diesem Buch ein kulturmanageriales Verständnis, das das Management nicht mehr nur dienend für die Kultur ansieht, sondern ein Management, das mit der Kultur zusammen betrachtet werden muss (Van den Berg 2009, S. 97 ff.).

Ein Kulturprojekt oder eine Kulturinstitution kann sich dementsprechend nicht ausschließlich über die Kunst und deren Qualität definieren und beweisen. Die Prozesse, die dazu benötigt werden, Kunst und Kultur zu erschaffen, sind nicht losgelöst zu betrachten von den rein künstlerischen Prozessen, genauso wie die künstlerischen Prozesse nicht losgelöst betrachtet werden können von den managerialen. Hier ergibt sich eine Bedingung beider Seiten, die unlösbar miteinander verbunden sind.

In Bezug auf das Thema Evaluation und Wirkungsmessung in der Kultur wiederum bedeutet es, dass Evaluation als kontinuierliche und nachhaltige Verbesserung jetzt und auch in Zukunft zum Kulturbetrieb dazugehört. Auch wenn die künstlerische Qualität nicht evaluiert wird, gehören funktionierende Prozesse, effektiver Umgang mit den Ressourcen und gute interne und externe Kommunikation zum Erfolg eines Kulturbetriebes/Kulturprojektes dazu. Die Argumentation von Kulturinstitutionen, Kultur könne nicht evaluiert werden, lässt im Gegenteil stark vermuten, dass einige Dinge nicht so ablaufen, wie sie ablaufen sollten und die Abwehr der Evaluation eher von Schwäche in der Organisation zeugt. Und weiter gedacht kann die Wirkung, die durch die künstlerischen Aktivitäten erreicht werden soll durchaus sichtbar gemacht werden ohne dass die künstlerische Qualität gemessen wird.

Trotzdem soll auch gesagt werden, dass es in den letzten Jahren viele unsinnige Evaluationen gegeben hat, die nicht dazu geführt haben, dass die Kulturinstitutionen sich verstanden und sich in dem Bereich der Evaluation aufgehoben gefühlt haben. Notwendig ist also eine Mischung aus zwei Dingen:

- dem eigenen Willen und Antrieb, dieses Instrument als etwas Gutes und neue Impulse Generierendes zu sehen und
- dem Willen der externen Stellen (meist die Fördergebenden), nicht blind zu evaluieren, sondern Methoden zu entwickeln, die möglichst auf eine langfristige, nachhaltige Verbesserung der Kulturinstitution als lernende Organisation abzielt.

Nur so kann langfristig eine gute und vertrauensvolle Basis für das Thema Evaluation und Wirkungsmessung in der Kultur geschaffen werden.

Zur besseren Lesbarkeit wird in diesem Buch zum großen Teil die neutrale Form genutzt. Wo das nicht möglich ist, wird das generische Maskulinum verwendet. Die in diesem Buch verwendeten Personenbezeichnungen beziehen sich – sofern nicht anders kenntlich gemacht – auf alle Geschlechter.

Definition des Wortes Evaluation

2

Das Wort Evaluation wird oft und viel genutzt, nicht immer bewusst im Sinne des Wortes oder einer Definition. Synonym benutzt werden oftmals die Begriffe des Controllings, des Monitorings und des Qualitätsmanagements. Um diese Begriffsverwirrung aufzuheben, werden in diesem Kapitel die einzelnen Definitionen gegenübergestellt und abschließend eine für dieses Buch geltende Definition vorgestellt.

2.1 Evaluation im Kontext zu anderen Begriffen

Fraglich ist zuallererst, was evaluiert werden soll – der Evaluationsgegenstand. Handelt es sich um die künstlerische Qualität oder handelt es sich um die Managementqualität, die Prozesse, die Mechanismen, die notwendig sind, um Kunst und Kultur überhaupt in den Vordergrund stellen zu können? Dazu muss man wissen, was Evaluation kann und was sie nicht kann.

Reinhard Stockmann vom Centrum für Evaluation (CEval) legt den Grundstein dafür mit folgender Aussage:

> „Evaluationen stellen ein wichtiges Instrument zur Generierung von Erfahrungswissen dar. Sie werden durchgeführt, indem Informationen gesammelt und anschließend bewertet werden, um letztendlich Entscheidungen zu treffen."

Er führt darüber hinaus aus, dass „der Begriff Evaluation von dem lateinischen Wort „valor" abstamme, d. h. Wert, und der Vorsilbe ‚e/ex', d. h. aus. Zusammen bedeutet dies ‚einen Wert aus etwas ziehen!', also eine Bewertung vornehmen. In seiner weitesten Begriffsbestimmung bedeutet Evaluation die Bewertung des Wertes eines Objekts. Dies kann ein Produkt, ein Prozess oder ein Projekt oder Programm sein." (Stockmann 2004, S. 47).

Es wird deutlich, dass es darum gehen soll, eine Bewertung vorzunehmen, ein gut oder ein schlecht auszusprechen, also ein Ergebnis zu beurteilen. Das ist nur möglich, wenn es wirklich objektiv überprüfbare Fakten gibt, einen Referenzrahmen, der es ermöglicht, vergleichbare Daten von anderen Institutionen einzuholen, Kennzahlen und Werte zu ermitteln, die mit einem gut oder einem schlecht bewertet werden können.

Stockmann hält fest, „dass Evaluation ein Instrument zur empirischen Generierung von Wissen ist, das mit einer Bewertung verknüpft wird, um zielgerichtete Entscheidungen zu treffen." (Stockmann und Meyer 2010, S. 64).

Ähnliches zeigt auch ein Blick in den Leitfaden der Kollegen von der Schweizer Kulturstiftung Pro Helvetia: „Das Wort Evaluation wird in der Kulturförderung hauptsächlich in zwei Bedeutungen verwendet:

- Erstens ist damit häufig die qualitative Beurteilung eines bestimmten Projekts gemeint, möglichst anhand objektivierter Kriterien [...]
- Zweitens wird im umfassenderen Verständnis von Evaluation die Wirkung eines Projekts in Beziehung gesetzt zu den Förderungszielen: Erreichen wir unsere Ziele und setzen wir unsere Mittel (Geld, Personal) effizient ein, wenn wir dieses Projekt unterstützen?" (Keller 1997, S. 3)

Dirk Baecker entwickelt in seinem Aufsatz noch einen weiteren interessanten und wichtigen Diskurs. Es geht ihm um die Relevanz der genutzten wirtschaftlichen Methoden im kulturellen Bereich:

> „Gerade in dieser Hinsicht sind die betriebswirtschaftlichen Verfahren der Evaluation daraufhin zu überprüfen, welche künstlerischen, kulturellen und gesellschaftlichen Kontexte sie zu berücksichtigen in der Lage sind und welche nicht. Nichts könnte die gesellschaftliche Funktion eines kulturellen Projekts möglicherweise schneller verfehlen als eine wirtschaftliche Kosten- und Nutzenrechnung, die dazu zwingt, nur monetäre Daten zur Kenntnis zu nehmen und etwa politische und ästhetische, pädagogische und moralische Werte auszuklammern." (Vgl. Baecker 2008, S. 97–111)

Diese Gedanken bilden auch die Grundlage für die folgenden Ausführungen in diesem Buch und für die Perspektive, aus der argumentiert wird: Die Messung durch quantitative Zahlen ist nur dann sinnvoll, wenn diese Zahlen in Bezug gesetzt werden zu dem zu messenden Ziel.

Die Wirkungsmessung ist im Kulturbereich schwieriger als in anderen Bereichen, aber nicht unmöglich – es kommt dabei auf den Bereich an: Künstlerische Prozesse sind schwieriger objektiv zu messen, als eine Kosten-/Nutzenanalyse zu erstellen oder die Auslastungszahlen in Bezug auf die Marketingprozesse zu betrachten.

Ein Blick auf die Nutzung von Evaluation in Bezug auf andere Begrifflichkeiten verdeutlicht dies.

Evaluation und Controlling
Stockmann definiert: „Controlling liefert organisationsinterne als auch -externe Daten, um Entscheidungsträger kontinuierlich über das Verhältnis der geplanten und tatsächlichen Entwicklungen (Soll-Ist-Vergleich) zu informieren, damit diese zielgerichtete Korrekturen vornehmen können." (Stockmann 2004, S. 57).

Damit wird deutlich, dass Controlling eine besondere Hilfestellung innerhalb der Institution darstellt, im besten Fall handelt es sich dabei um eine interne Unternehmensberatung, die Zahlen und Daten bereitstellt, um Planungsinstrumente überhaupt einsetzen zu können und um sich selbst ständig zu verbessern. Hierbei geht es immer um einen Abgleich zwischen Ist und Soll. Controlling ist also ein Hilfsmittel auch für eine kontinuierliche und nachhaltige Evaluation – es stellt einen wichtigen Bereich dar, der sich in eine Evaluation integrieren lässt. Das Controlling arbeitet dabei eher mit quantitativ messbaren Größen, Kennzahlen und nachvollziehbaren, objektiv messbaren Zahlen. Qualitative Aspekte, die in einer Evaluation in der Kultur eine wichtige Rolle spielen, werden nur selten beachtet.

Evaluation und Monitoring
Stockmann führt weiter aus:

> „Was das Controlling in den Unternehmen leistet, übernimmt das Monitoring bei der Überwachung von Programmen. Wobei allerdings das Aufgabenspektrum des Monitorings faktisch die des Controllings weit übersteigt. Während Monitoring-Systeme die Kostenaspekte oft vernachlässigen, konzentrieren sich Controlling Systeme meist sehr stark auf diesen Faktor, ohne andere ausreichend zu berücksichtigen. Controlling fokussiert zudem stark auf strukturelle, Monitoring aber auch auf prozessuale und systemische Fragen." (Stockmann 2004, S. 59)

Monitoring ist also weitaus mehr als ein Controlling-System und kann den Entscheidern eine wichtige Hilfestellung bei einer Evaluation sein. Entscheidend dabei ist, dass es sich um das kontinuierliche Sammeln von Daten handelt, die vorher mit klaren Kennzahlen belegt wurden. Es ist bekannt und transparent, wann und wie die Daten erhoben werden. Gerry Moriarty trifft die Aussage, dass die Daten Beweis sind für die Effizienz und die Effektivität einer Organisation:

> „Monitoring involves regular measurement of progress against declared objectives. It accounts for the use of resources – public, community and personal. It provides evidence of effective and efficient delivery and is likely to be a basic requirement for receiving public funding." (Moriarty 2002, S. 17)

In der Praxis werden im Controlling zum Beispiel Ticketverkäufe und Auslastungszahlen gemessen. Das Ergebnis ist das Aufzeigen einer Entwicklung von Ticketzahlen und der dazugehörigen Auslastung – diese Entwicklung kann positiv oder negativ sein. Dieses Ergebnis führt aber erst einmal zu keiner Analyse der Situation oder einer Bewertung, ob die Entwicklung den Zielen entsprechend ist und die Aussage führt auch noch zu keiner Handlungsempfehlung.

Im Monitoring geht es indessen darüber hinaus zum Beispiel um die Messung der Mitarbeiterzufriedenheit oder der Besucherzufriedenheit in einer kontinuierlichen Art und Weise, um Veränderungen aufzuzeigen, Strömungen wahrzunehmen, Trends und Entwicklungen frühzeitig zu erkennen und steuern zu können. Die kontinuierliche Messung alleine (das Monitoring) zeigt einer Institution jedoch noch nicht, was sie mit diesen Daten anfangen kann oder soll. Das wiederum geht über das reine Monitoring hinaus und ist Teil der gesamten Evaluation.

Deutlich wird dies in der Beschreibung im Leitfaden von Pro Helvetia. Dort wird Monitoring differenziert als:

> „[…] eine kontinuierliche Beobachtungsfunktion, die eine systematische Sammlung von relevanten und ausgewählten Daten nutzt, um dem Management und den wichtigsten Beteiligten (Stakeholders) eines Projekts Indikatoren zu liefern über Fortschritt und Zielerreichung, sowie über Prozesse und Impact. Sowohl Monitoring wie auch Evaluation sind Tätigkeiten, die mit den Steuerungsstrukturen eines Vorhabens verbunden sind. Monitoring beinhaltet die kontinuierliche Erfassung von Informationen zum Stand eines Vorhabens zu einem beliebigen Zeitpunkt und beantwortet die Frage: Wo steht ein Vorhaben aktuell? Evaluationen analysieren, wie und warum Wirkungen erzielt wurden oder nicht. Sie vergleichen und bewerten die Veränderungen, die sich aufgrund eines Vorhabens ergeben haben und analysieren die Ergebnisse." (De Perrot und Wodiunig 2008, S. 97)

Das Monitoring ist also der Vollzug der Evaluation mit ihren Handlungsempfehlungen und ihren Vorschlägen zur nachhaltigen Verbesserung und Veränderung. Durch die ständige Erhebung von Daten im Rahmen des Monitorings hat die Institution die Möglichkeit, sich auch kontinuierlich darum zu kümmern, die vorgegebenen Maßnahmen zu ergreifen und durchzuführen.

Ein Monitoring in Kulturinstitutionen findet man äußerst selten. Das Jüdische Museum in Berlin ist eine Ausnahme, da es eine eigene Abteilung hat, die sich ausschließlich um ein kontinuierliches Kunden-/Besuchermonitoring kümmert und diese Daten als Basis für eine kontinuierliche Evaluation benutzt. Eine weitere Ausnahmestellung nimmt die Abteilung für Forschung (Department for Studies and Research) am Louvre ein – eines der wenigen Museen, die die Bedeutsamkeit von kontinuierlicher Forschung am eigenen Hause erkannt hat, nicht nur in Bezug auf das Sammeln und Bewahren und Erforschen der Kunstwerke, sondern auch auf die Besonderheiten des Kulturmanagements, das es ermöglicht, den Besuchern die Kunstwerke nahezubringen.

Evaluation benutzt also Monitoring und Controlling, um Aussagen und Bewertungen über das Projekt oder die Institution zu treffen. Dabei geht es auch um Veränderungen und Verbesserungen in verschiedenen Bereichen.

Evaluation und Wirkung

Das Thema impact Messung, Wirkungsmessung ist in den vergangenen Jahren immer wichtiger geworden. Und die Schnittmengen zwischen Evaluation und Wirkung sind immer größer geworden. Stockmann definiert Evaluationen als eine Sammlung von Erfahrungswissen (Stockmann 2004) und Wirkung ist der Aspekt, der dann aus dem Erfahrungswissen entsteht. Die Sichtweisen gehen mitunter auseinander, ob Evaluation und Wirkung synonym genutzt werden können. Aus Sicht der Autorin sollte dies der Fall sein. Entscheidend ist, dass immer nach dem Lerneffekt geschaut wird und der Veränderung , die durch Wirkungsmessung und Evaluation erreicht werden kann. Diese Wirkung kann sich auf interne, aber auch auf externe Wirkungen beziehen. Wenn evaluiert wird, inwiefern die eingesetzte Organisationsstruktur zu einer effektiven udn effizienten Arbeit geführt hat, konzentriert sich die Untersuchung auf interne Wirkungen. Wenn es darum geht zu untersuchen, inwiefern die angebotenen Aktivitäten dazu geführt haben, dass sich die Haltung der Besuchenden verändert hat liegt der Fokus auf der externen Wirkung. Beide Male werden Prozesse/Effekte evaluiert und ihre Wirkung sichtbar gemacht. Unterschieden werden kann noch zwischen economic, social, societal und creative impact. Social impact bezeichnet die soziale Wirkung, die durch Projekte und Organisationen erreicht werden kann (Alomoto 2021). Besonders die Herausforderung diesen social impact sichtbar und meßbar zu machen, beschäftigt daher seit den 80er-Jahren die Literatur (Alomoto 2021). Der Begriff des creative impact ist noch sehr uneinheitlich definiert, es geht hier stark darum mit künstlerischen Interventionen eine Haltungsänderung herbeizuführen. Durch die Kunst und Kultur an die Emotionen der Menschen zu gelangen und darüber Einstellungen zu verändern (siehe Beispiel CIRCE unten). Societal impact kann dabei als eine Klammer verstanden werden, hier werden alle Wirkungen zusammengeführt, die die Gesellschaft verändern können. Auf der Seite societalimpact.eu wird auf einer Landkarte gezeigt, wo es politische Agenden zu dem Thema bereits gibt (societalimpact 2023). Zwischen der Forschung und der Praxis besteht eine Lücke, die sich in den Prozessen zeigt. Während die Evaluationspraxis mit vorwiegend linearen Modellen versucht, den impact messbar zu machen, wird in der Forschung stärker in Netzwerk- und Interaktionskontexten gedacht (Spaapen 2011).

Beispiel CIRCE

CIRCE ist ein internationaler Thinktank, der unter anderem das Thema des creative impacts behandelt. CIRCE steht dabei für Creative Impact Research Centre Europe. Im Rahmen des Projektes arbeiten fünf research centre an unterschiedlichen Facetten des Themas, 40 fellows werden gefördert, um ihre Arbeiten zu unterschiedlichsten Themen zu erarbeiten. Mehr als 10 creative impact funds werden gefördert, um ihre Innovationen nach vorne zu bringen. Die Sichtweisen und Arbeiten, die entstehen sind dabei thematisch vielfältig. Von ökologischer Nachhaltigkeit über Technologien für mehr Partizipation bis hin zu transformierender Governance werden Aspekte behandelt und betrachtet. Die Schnittpunkte zu social impact und societal impact werden in den Themenclusterungen schon deutlich. Mehr dazu unter www.creativeimpact.eu ◄

Beispiel museum of homelessness

Das museum of homelessness aus UK hat ein Experiment mit einem Neurowissenschaftler durchgeführt, in dem sie versucht haben zu eruieren, inwiefern ein Besuch des Museums dazu führt, dass Einstellungen zum Thema Obdachlosigkeit verändert werden können. Die künstlerische Intervention fokussierte sich auf das story telling von Objekten. Die Besucher*innen wurden vor und nach dem Besuch der Ausstellung befragt. Die Ergebnisse bei dem sample waren eindeutig: Der Besuch hatte einen Einfluß darauf, wie das Thema Obdachlosigkeit wahrgenommen wird. Dies zeigte sich durch die Nutzung unterschiedlicher Verben und Adjektive in der Beschreibung und auch in der Selbsteinschätzung. Das künstlerische Ereignis führte zu einer Veränderung in der Haltung. Ein gutes Beispiel für den creative impact. (Turtle 2021, S. 42) ◄

Evaluation und Qualitätsmanagement
Hier nun sind zwei Systeme, die fast gleichwertig sind. Qualitätsmanagement-Systeme bedienen sich auch des Controllings und des Monitorings, um Aussagen zu treffen – allerdings mit einem sehr deutlichen Schwerpunkt auf Aussagen in

2.1 Evaluation im Kontext zu anderen Begriffen

Bezug auf die Qualität von Prozessen, von Produkten und von Beziehungen. Evaluationen können noch breiter angelegt sein – hier kann es nicht nur um die Qualität, sondern auch um Vielfalt und Ausgestaltung gehen.

Indem er die beiden Systeme einander gegenübergestellt schlussfolgert Stockmann, dass Evaluationen im besten Falle dazu beitragen, Prozesse transparent zu machen, Wirkungen zu dokumentieren und Zusammenhänge aufzuzeigen. Dies alles soll dazu führen, dass Entscheidungen getroffen werden können. Ziel einer solchen Entscheidung kann zum Beispiel sein, Ablaufprozesse effektiver zu gestalten, den Input effizienter einzusetzen, den Output zu erhöhen, den Wirkungsgrad zu verbessern oder die Nachhaltigkeit zu sichern. Schneider betont zusätzlich die Informationsbereitstellung, die eine Evaluation im Rahmen des Qualitätsmanagementprozesses innehat. Sie fasst die vier Leitfunktionen wie folgt zusammen:

- Erkenntnisfunktion – Evaluationen erfüllen diese durch die Bereitstellung von Informationen zur Ermöglichung rationaler Entscheidungen
- Kontrollfunktion – durch die Überprüfung der Erreichung von geplanten Zielen
- Entwicklungsfunktion – sowohl die Erkenntnis als auch die Kontrollorientierung liefern Informationen, die die Entwicklung von Programmen, Projekten oder Einrichtungen ermöglichen
- Legitimationsfunktion – auf der Basis von gesammelten Daten im Evaluationsprozess kann belegt werden, mit welchen Ressourcen welche Aktivitäten umgesetzt und welche langfristigen Wirkungen ausgelöst wurden (Stockmann 2002, S. 11; Schneider 2008, S. 21 f.) (Abb. 2.1).

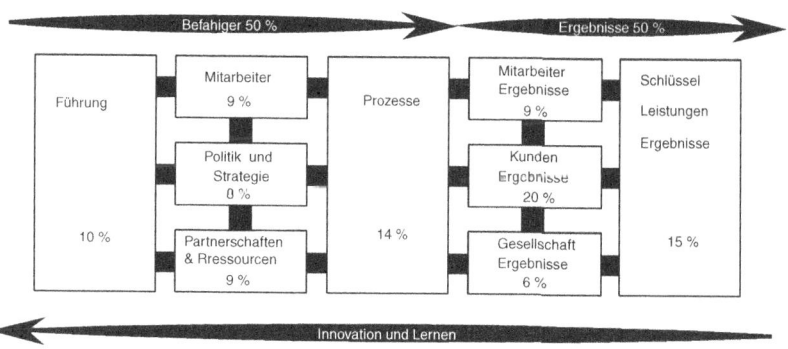

Abb. 2.1 Beispiel für ein Qualitätsmanagement-System nach EFQM-Ansatz. (Quelle: EFQM)

2.2 Evaluation von Projekten und von Institutionen

Worin also unterscheidet sich die Evaluation von Projekten und Institutionen? Das erklärt sich fast automatisch durch die definitorische Abgrenzung von Projekten und Institutionen: Projekte sind zeitlich begrenzt, mit einem bestimmten Ziel belegt und agieren mit begrenzten Ressourcen in Bezug auf Raum, Finanzen und Personal. Institutionen sind langfristig angelegt, haben einen Satzungszweck oder verschiedene Unternehmensziele, arbeiten mit kurzfristigen, mittelfristigen und langfristigen Zielen und bestehen aus vielen Projekten und Routineaufgaben.

Hinsichtlich der Projekte kann man daher sagen, dass Evaluationen „[...] gezielte und zeitlich begrenzte Untersuchungen sind, die der Beurteilung laufender oder abgeschlossener Projekte dienen, einschließlich ihrer Konzeption, ihrer Umsetzung und ihrer Ergebnisse. Eine Evaluation bedient sich systematischer Methoden und setzt objektive Kriterien ein, um ein Projekt zu beurteilen. Und sie sucht nach Erklärungen, falls ein Prozess nicht wie gewünscht verläuft." (Stockmann und Meyer 2010, S. 15).

Durch die Evaluation eines Projektes wird geprüft, ob gesetzte Ziele erreicht wurden, ob durchgeführte Maßnahmen geholfen haben, Ziele zu erfüllen und ob die Ziele mit angemessenem Aufwand erreicht wurden. Es geht darum, nicht nur zu betrachten, wie das Projekt gelaufen ist, sondern auch, wie das Projekt in der Zukunft verbessert werden kann, falls es wiederholt wird.

Evaluationen von Institutionen hingegen sind wesentlich komplexer, langfristiger und anstrengender für die Institution. Hier geht es um eine Mischung aus quantitativen Zahlen und qualitativen Aussagen über Prozesse, es geht um Schnittmengen zwischen Abteilungen, um Organisationsstrukturen und Führungsstrukturen, um Leitbilder und ihre Umsetzung, Strategien und ihre Einhaltung – kurzum, die Evaluation einer Institution ist sehr komplex angelegt und betrachtet ganzheitlich alle Seiten einer Organisation.

2.3 Evaluation von Prozessen

Die Evaluation von Prozessen beinhaltet automatisch eine Kontinuität. Die Zustandsbeschreibung von Prozessen ergibt eine Momentaufnahme und zeigt Schwächen und Sollbruchstellen. Sinn ergibt eine solche Zustandsbeschreibung nur, wenn sie mit Veränderungsvorschlägen belegt wird und in regelmäßiger Wiederholung weitere Beschreibungen vorsieht, die dann die Veränderung im Umgang

2.3 Evaluation von Prozessen

mit den Prozessen aufzeigt. Nur dadurch ergibt sich eine langfristige, nachhaltige Verbesserung der Prozesse. Und damit eine Verbesserung und ein Aufrechterhalten einer gewissen Qualität.

Als Prozesse können alle Vorgänge innerhalb einer Institution bezeichnet werden, die notwendig sind, um die Organisation aufrechtzuerhalten. Hiermit können Kommunikationsprozesse innerhalb der Organisation gemeint sein (Wer kommuniziert wann und wie mit wem? Formell und informell), aber auch Weisungsbefugnisse und Arbeitsabläufe (Wer kann wem was anweisen? Wie viele Menschen sind an Entscheidungen beteiligt?). Es können externe Kommunikationsabläufe untersucht werden (Wer darf was zu wem sagen?) oder aber auch Kostenströme erfasst werden (Wer darf über welches Budget verfügen? Wie werden diese Budgets kontrolliert?).

2.3.1 Wissenschaftlichkeit von Evaluationen

Die meisten Evaluationsdefinitionen stammen aus der Wissenschaftsliteratur. Und wie in den folgenden Kapiteln sichtbar wird, ist es auch wichtig, gewisse wissenschaftliche Standards einzuhalten, insbesondere in Bezug auf die Stichprobe, die Durchführung von Testläufen („Piloten", siehe auch Kap. 7), die Erstellung der Instrumente. Wissenschaftliche Evaluationen zeichnen sich nach Stockmann und Meyer durch folgende Eigenschaften aus:

1. Sie beziehen sich auf einen klar definierten Gegenstand.
2. Es werden für die Informationsgenerierung objektivierende empirische Datenerhebungsmethoden eingesetzt.
3. Die Bewertung wird anhand explizit auf den zu evaluierenden Sachverhalt und anhand präzise festgelegter und offen gelegter Kriterien durchgeführt.
4. Die Bewertung wird mithilfe systematisch vergleichender Verfahren vorgenommen.
5. Die Evaluation wird in der Regel von dafür besonders befähigten Personen durchgeführt.
6. Die Evaluation wird mit dem Ziel durchgeführt, auf den Evaluationsgegenstand bezogene Entscheidungen zu treffen. (Stockmann und Meyer 2010, S. 66)

Vor allem die Punkte 1, 3, 5 und 6 sollten Grundlage jeder Evaluation sein. Lediglich hinsichtlich der Punkte 2 und 4 mögen in der Praxis leichte Abweichungen zu den Ansprüchen der wissenschaftlichen Methoden und Verfahren auftreten. In diesem Buch werden im Kap. 10, unter anderem viele Instrumente vorgestellt, die auch ohne eine wissenschaftliche Herangehensweise zu realisieren sind und deren Ergebnisse nicht immer einer wissenschaftlichen Prüfung standhalten würden. Für die Praxis aber können sie wichtige Informationen liefern.

Darüber hinaus gibt es einige Fragen, die sich jeder stellen sollte, bevor er eine Evaluation durchführt:

- Was wird evaluiert?
- Wozu wird es evaluiert?
- Welche Kriterien werden angewandt, um zu evaluieren?
- Wer ist verantwortlich für die Evaluation?
- Mit welchen Methoden wird die Evaluation durchgeführt?

2.4 Abschließende Betrachtung

Die vier Hauptfunktionen einer Evaluation sind die Gewinnung von Erkenntnissen, die Ausübung von Kontrolle, die Auslösung von Entwicklungs- und Lernprozessen und die Legitimation der durchgeführten Maßnahmen, Projekte oder Programme (Stockmann und Meyer 2010, S. 73).

In diesem Buch wird der Schwerpunkt auf die Gewinnung von Erkenntnissen und die Auslösung von Entwicklungs- und Lernprozessen gelegt. Und es wird als besonders wichtig angesehen, dass die Ergebnisse der Evaluationen *Diskussionsbasis* sind, dass es sich selten um eine feststehende Aussage handelt, sondern um diskurswürdige Daten. Hier wird dem Ansatz von Dirk Baecker gefolgt:

> „Denn die Evaluation findet mithilfe eines von Indikatoren in die Form der Darstellung gebrachten Datenuniversums statt, an dem nichts selbstverständlich, sondern jedes Datum und jede Idee der Auswertung ihrerseits der Gegenstand eines weiteren sinnvollen Streits sind. Die Suggestion, dass die Evaluation eine Art kulturelle Buchführung ermöglicht, die es erlaubt, mit einem Blick auf die Bilanz zu wissen, welche Projekte sich lohnen und welche nicht, führt in die Irre." (Vgl. Baecker 2008, S. 97–111)

Für dieses Buch soll folgendes Verständnis von Evaluation gelten:

Evaluation ist eine Methode, die dazu beiträgt herauszufinden, ob eine Einrichtung systematisch und kontinuierlich an der Sicherstellung der eigenen Wirksamkeit arbeitet. Dabei geht es um die Qualität und Nachhaltigkeit dieser Sicherstellung. Um dies zu erreichen, können verschiedene Instrumente angewandt wer-

2.4 Abschließende Betrachtung

den. Die Ergebnisse einer Evaluation sind Diskussionsgrundlage und führen zu gemeinsam getragenen Veränderungsprozessen, die kontinuierlich durch weitere Evaluationen begleitet werden.

Abschließend lässt sich in einer Gegenüberstellung der Begriffe Folgendes festhalten

Evaluation und Wirkung	Qualitätsmanagement	Monitoring	Controlling
Evaluation ist das Konzept, das eine Institution am ganzheitlichsten betrachtet. Hier geht es darum, auf der Grundlage von Monitoring, Controlling und qualitativen Aussagen die Ergebnisse mit gesetzten Zielen abzugleichen und Verbesserungen und Veränderungen zu erreichen. Im besten Falle erreicht man eine kontinuierliche, nachhaltige Verbesserungs- und Lernstrategie für die gesamte Institution. Evaluation und Wirkungsmessung sind dabei synonym zu betrachten	Das Qualitätsmanagement fokussiert sich auf die zu bewertende Qualität von Prozessen, Inhalten und Abläufen. Hierfür wird zunächst definiert, wie die Qualität bewertet werden soll. Es wird ein Maßstab festgesetzt und an diesem Maßstab wird gemessen, ob die Qualität erreicht ist bzw. wie sie verbessert werden kann TEST	Monitoring ist ein System steter, kleinteiliger Beobachtung von Veränderungen in Prozessen, Budgets und Abläufen. Monitoring ist ein Instrument, das in der Evaluation und im Qualitätsmanagement eingesetzt werden kann TEST	Controlling fokussiert sich im Wesentlichen auf quantitative Zahlen und analysiert jeweils den Istzustand und gleicht ihn mit dem Sollzustand ab. Im Bestfalle ist das Controlling eine Art interne Unternehmensberatung. Controlling ist ein Instrument, das als Teil von Evaluation oder Qualitätsmanagement eingesetzt werden kann

Standards von Evaluationen 3

3.1 Standards der OECD

Die Organisation for Economic Co-operation and Development (OECD) ist eine Organisation, die sich insbesondere darum kümmert, politische Rahmenbedingungen zu verbessern. Der Slogan der OECD lautet dabei „we work to build better policies for better lives". Das OECD Development Assistance Committee ist ein internationales Forum, dass die größten Akteure der Entwicklungszusammenarbeit zusammenbringt. Dieses Kommittee hat ein Kriteriensystem für Evaluationen entwickelt.

Dieses System besteht aus zwei zugrunde liegenden Prinzipien und sechs Evaluationskriterien (OECD 2019). Das erste Prinzip geht davon aus, dass die Kriterien immer auf den individuellen Fall adaptiert werden sollten und dementsprechend gut genutzt werden. Das zweite Prinzip konzentriert sich darauf, dass die Kriterien selbst an die individuellen Bedarfe der stakeholder angepasst werden müssen. Von einer one size fits all Lösung wird von Seiten der OECD dringend abgeraten. Eine weitere Besonderheit der Standards der OECD liegt in einer Veränderung, die in 2016 hinzukam: Es wird in Bezug auf Evaluationen als Interventionen gesprochen. Dies hat insofern große Bedeutung, als dass Evaluationen hier nicht als Kontrolle oder einfache Erfolgsmessung gesehen werden, sondern als Intervention, die genutzt werden sollte, um Prozesse, Projekte und Organisationen zu verändern, sie aus der Comfortzone zu holen und in noch bessere Bedingungen zu führen.

Die sechs Kriterien sind dann die Themen:

relevance – is the intervention doing the right thing? Bei diesem Kriterium geht es darum, ob die gewählte Evaluation für die Organisation/das Projekt relevant ist und auch bei veränderten Bedingungen relevant bleibt. Hier sollen bereits nicht nur die Organisation selbst, sondern auch regionale und nationale Aspekte genauso wie die Bedarfe der shareholder und der stakeholder mit einbezogen werden.

coherence – how well does the intervention fit? Hier geht es darum, dass die Evaluation nicht allein da steht, sondern ein Prozess sein soll, der sich einfügt in andere Prozesse in der Organisation, aber auch in der Region und im jeweiligen Land. Evaluationen sollten abgestimmt werden mit vorherrschenden Rahmenbedingungen (dies können Bezüge zu Fördernden sein oder zu politischen Strukturen).

efficiency – how well are resources being used? Bestehende Ressourcen sollten durch die Evaluation nur bedingt geblockt werden. Es muss immer darum gehen, die Ergebnisse der Evaluation in einem angemessenen Zeitrahmen und in einer klaren Form vorzulegen.

sustainability – will the benefits last? Entscheidender Punkt ist hier eine Aussage, die in die Zukunft führt. Welcher Nutzen/welche Wirkung kann statuiert werden in Bezug auf ökonomische, aber auch soziale und Bildungsaspekte? Kann dieser aufgezeigte Nutzen in der Zukunft weiter ausgebaut werden oder gehalten werden? Was muss getan werden, um die Nachhaltigkeit der durchgeführten Evaluation zu gewährleisten? Dieser Aspekt geht stark auf eine lernende Institution ein und verlangt von der durchführenden Stelle eine zukunftsorientierte Sicht, die Veränderung zulässt.

effectiveness – is the intervention achieving its objectives? Werden die Ziele, die mit der Evaluation gesetzt wurden erfüllt?. Essenziell erscheint hierbei der Rückbezug auf den Beginn jeder Evaluation. Nur wenn zu Beginn Ziele gesetzt werden, die erreicht werden sollen durch die Evaluation, kann am Ende auch eine Zielerreichung aufgezeigt werden.

impact-what difference does the intervention make? Welche Art der Veränderung kann durch die Evaluation entstehen? Welche positiven und negativen Entwicklungen werden durch die Evaluation sichtbar gemacht und welche Konsequenzen hat dies für das Projekt/die Organisation. Auch hier – ähnlich wie bei der sustainability – geht es um langfristige Wirkungen einer Evaluation.

Hervorzuheben sind hier die Aspekte der sustainability und des impacts. Damit hebt die OECD die Wichtigkeit hervor, die Evaluationen auf das stetige Lernen einer Organisation haben sollte. Bei einer Evaluation von Beginn an die nachhaltigen Effekte und die Wirkung vor Augen zu haben erleichtert es für die

Organisation die eingesetzten Ressourcen zu rechtfertigen und die Ergebnisse langfristig weiter einzusetzen. Der absolute worst case einer Evaluation liegt dann vor, wenn die Ergebnisse gelesen und vergessen werden. Die eingesetzten Ressourcen sind verschwendet und höchstwahrscheinlich tritt ein verstärkender negativer Effekt bei allen beteiligten Mitarbeitenden ein. Die Organisation hat sich angestrengt und bekommt keinen Nutzen aus der Evaluation. Die Verbindung der zwei grundlegenden Prinzipien und der Kriterien der OECD versuchen intensiv einem solchen Ergebnis entgegenzuwirken. Die Anzahl der Kriterien ist ausreichend klein, sodass es den Evaluierenden hier leicht fällt, diese in jedem Fall zu überprüfen.

3.2 Standards der Deutschen Gesellschaft für Evaluation

Die DeGEval befasst sich schon seit längerem mit dem Themengebiet der Standardisierung von Evaluationen. Sie fasst diese Aspekte in ihren Standards für Evaluationen (DeGEval 2016) zusammen: Evaluationen sollen nützlich, durchführbar, fair und genau sein.

Nützlichkeit – dies bedeutet bei der DEGEVAL unter anderem, dass alle Beteiligten identifiziert werden, Evaluationszwecke geklärt werden, ein kompetenter Evaluator gefunden wird. Werthaltungen sollen verdeutlicht werden und die Berichterstattung soll vollständig und klar sein. Ein besonderes Augenmerk wird auf die Nutzbarkeit der Evaluationsergebnisse gelegt. Insgesamt fächert sich dieses Kriterium in 8 Subkategorien auf, dies geht von der Identifizierung aller Beteiligten über die Kompetenz und Glaubwürdigkeit der Evaluatoren bis hin zum Nutzen der Evaluation.

Durchführbarkeit – 3 Aspekte werden hier subsumiert: bei der Angemessenheit der Evaluation geht es um eine gute Balance zwischen Aufwand und Nutzen. Dies wiederholt sich bei der Effizienz der Evaluation. Ein wichtiges Element ist dann noch das diplomatische Vorgehen. Hier geht es um die zu erreichende möglichst hohe Akzeptanz der Evaluation während der Durchführung, aber auch bei den Ergebnissen. Dies ist ein wirklich entscheidender Faktor, denn Evaluationen sind in den meisten Fällen durchaus disruptiv, Ressourcen werden gebunden, Prozesse und Vorgehen hinterfragt. Wenn hier diplomatisches Geschick fehlt durch die Evaluierenden, kann das gesamte Procedere gefährdet werden.

Fairneß – dieses Kriterium wird durch die DeGEval durch fünf Aspekte beschrieben: diese umfassen unter anderem den Schutz individueller Rechte, die unparteiische Berichterstattung und die Offenlegung der Ergebnisse. Diese Aspekte hören sich selbstverständlich an, werden in der Praxis aber oftmals unterschätzt. Allein die unparteiische Berichterstattung ist bei jeder Evaluation zu prüfen: Wer führt sie durch, von wem kommen die entsprechenden Daten, für wen wird evaluiert? Interessant wird es auch in Bezug auf die Offenlegung der Ergebnisse. Diese Offenlegung bezieht sich immer auch auf die Frage für wen evaluiert wurde. So müssen Evaluationsergebnisse nicht immer der breiten Öffentlichkeit vorgestellt werden, sondern es kann sich auch um eine Offenlegung bei den Mitarbeitenden und den Fördernden handeln. Auf jeden Fall darf es nicht dazu kommen, dass Ergebnisse von Evaluationen nicht zumindest denjenigen offengelegt werden, die an dem Projekt, der Organisation arbeiten.

Genauigkeit – dieses Kriterium wird insgesamt durch 9 Unterkriterien präziser beschrieben. Herauszuheben sind hier die systematische Fehlerprüfung, die begründete Bewertung und Schlußfolgerung und die Meta-Evaluation. Die DeGEval plädiert mit diesem Kriterium dafür, dass jede Evaluation wohl überlegt und geplant sein sollte. Keine Evaluation sollte starten ohne den Zweck und das Vorgehen genau zu beschreiben. Und das eigene Vorgehen dann auch immer wieder auf Fehler zu überprüfen. Nur so kann es am Ende zu einer von allen akzeptierten begründeten Bewertung und Schlussfolgerung kommen, die dann auch in weiterführende Veränderungen mündet. Besonders interessant ist hier der Aspekt der Meta Evaluation. Meta Evaluationen evaluieren Evaluationen. Dies ist nur dann möglich, wenn die Evaluationen gut dokumentiert sind und somit auch überprüfbar sind. Das Phänomen der Meta Evaluationen ist ein relativ neuer Aspekt, der spannende neue Entwicklungen ermöglicht.

Die vier Kriterien der DeGEval sind gut gewählt, werden durch die kleinteilige Betrachtung der Subkategorien jedoch sehr umfangreich. Weiterhin fehlt hier die Sicht auf die Nachhaltigkeit und den weiterführenden Wirkungsaspekt.

3.3 Weitere Zusammenstellungen von Standards

Es finden sich in vielen unterschiedlichen Fachrichtungen Standards für die Evaluation (z. B. development work oder education). Und es finden sich auch national unterschiedliche Standards für unterschiedliche Länder (New Zealand, Latin America and the Caribbean, Africa). So hat z. B. die African Evaluation Association ein System aus vier Kriterien erarbeitet: Die Nutzbarkeit (utility), die Durchführbarkeit (feasibility), die Korrektheit (propriety) und die Genauigkeit (accuracy). Übergreifend ist noch das System der UNDP (United Nations Development Program) zu nennen. Dieses hat insgesamt 8 Kriterien, die sich aufteilen in die Aspekte Unabhängigkeit vom Management, einer klaren Intention, Transparenz, ethischen

Überlegungen, möglichst hoher Objektivität, hoher Qualität, gutem Timing und hoher Nutzbarkeit der Ergebnisse. Die Kriterien wiederholen sich also in unterschiedlicher Zusammensetzung und Intensität (Better Evaluation 2023).

3.4 Zusammenfassung

Allen gemein ist die starke Fokussierung auf ein gesteuertes and wohl überlegtes Vorgehen. Evaluationen sind nur sinnvoll, wenn sie gut bedacht und vorbereitet sind. Und auch die Nachbereitung und Ergebnissicherung sollte intensiv vorher geplant wird. Fast ist man versucht zu sagen, eine Evaluation durchführen kann jeder, eine Evaluation erfolgreich vor- und nachzubereiten ist die Kunst, die erlernt werden will. Insgesamt können die Standards gute Grundlagen bilden für die Vorbereitung, die Durchführung und die Nachbereitung der Evaluationen. Im Vergleich zwischen den beiden meistbeschriebenen, den Standards der DeGEval und der OECD ist das nachhaltige Prinzip der OECD vorzuziehen. Auch wenn die DeGEval lediglich 4 Kriterien aufstellt, ist das System durch die vielen Unterkriterien durchaus komplexer als das der OECD. Bei der OECD sticht weiterhin hervor, dass sie durch die zugrunde liegenden Prinzipien das stetige Anpassen und Lernen in den Vordergrund stellt. Evaluationen haben sich in den letzten Jahren stärker in die Richtung der Wirkungsmessung bewegt, sodass hier die Nachhaltigkeit und die Organisationsentwicklung durch die Evaluationen einen größeren Stellenwert erhalten haben.

Evaluation als Treiber für Systemveränderung

Evaluation und Wirkungsmessung haben auf einer übergeordneten Ebene viel zu tun mit der governance der Organisationen. Wie sehr sind die Ziele der Organisation in ihren Grundfesten verankert und wie arbeitet die Organisation danach. Evaluation wird hier gelöst von der Erfolgskontrolle eines Projektes hin zu einem steuernden Treiber um ganze Systeme zu verändern - auf Organisationsebene oder sogar auf einer politischen Ebene. Im Kapitel werden einige dieser ganzheitlichen Ansätze vorgestellt.

4.1 Theory U und systems change

Die meisten Evaluationstheorien und auch Evaluationspraxen basieren auf einem linearen Verständnis. Durch die Entwicklung des letzten Jahrzehnts gewann im Gegensatz dazu das Verständnis einer volatilen und unsicheren Situation die Oberhand. Viel zitiert das VUCA Modell, dass aufzeigt, wie sehr sich die Lebens- und Arbeitssituationen geändert haben (Mack et al. 2016, S. 5 ff.). Gerade die letzten Jahre der multiplen Krisen (Black et al. 2022, S. 27; Crepaz 2023, S. 320; Boin 2020, S. 117) verdeutlichen, dass wir es im Kulturbereich nur noch selten mit linearen Problematiken zu tun haben. Vielmehr mehren sich die sogenannten „wicked problems" (Vandenbroeck 2012, S. 9; Head 2022), die eher in iterativen Schleifen und aufeinander aufbauenden Lösungsansätzen behandelt werden können. Dazu wird in vielen Kultureinrichtungen ein Systemwechsel gebraucht. Dies steht gerade bei staatlich geförderten Einrichtungen im krassen Gegensatz zu den immer noch linearen Entwicklungen und Vorgaben der Stellenpläne, der Finanzierungen, der inhaltlichen Ziele. Wenn die Themenbereiche Wirkungsmessung und impact ernst genommen werden sollen, so müssen die Systeme dazu genutzt werden iterativ zu arbeiten. Als Basis sollen die beiden Konzepte der theory U und des system change betrachtet werden.

Systems change
„Systems change is about understanding why difficult social problems persist, and an effective challenge to our own role in tackling them" (Abercrombie et al. 2018, S. 4). Es geht darum, sich Probleme nicht losgelöst zu betrachten, sondern immer das ganze System mit allen Interdependenzen zu sehen. Die Zielorientierung ist dabei immer darauf ausgerichtet, langfristig das ganze System zu verändern. Dieses kann laut der multi level Perspektive (MLP) von Geels (Geels et al. 2007, S. 399) auf drei Ebenen gedacht werden: Der Macro – Ebene, auf dieser befinden sich Gesetzesänderungen, globale Standards, politische Ideologien etc. Diese Ebene ist nur sehr langfristig zu verändern. Die zweite Ebene ist die Meso-Ebene, hier geht es um Marktanteile, Infrastrukturen, öffentliche Meinungen, Konsumgewohnheiten. Auch diese Ebene ist nicht kurzfristig zu beeinflussen, aber wesentlich direkter als die Macro Ebene. Hier können mittelfristig Veränderungen sichtbar gemacht werden. Als letztes ist dann die Micro Ebene zu nennen, die die individuellen Unternehmungen betrachtet, die Innovationen der einzelnen Unternehmungen und deren Einfluß auf die beiden anderen Ebenen. Hier kann auch schnellerer Wandel betrachtet werden, der dann auch Impulse setzt für die beiden anderen Ebenen. Eine einzelne Kultureinrichtung kann zwar nicht alleine das System verändern, aber sie trägt etwas dazu bei, dass sich Systeme bewegen und dadurch auch langfristig anders werden können. Hier ist eine enge Verbindung zur Wirkungsmessung und zum impact zu sehen.

Theory U
Die Theory U wurde von Otto Scharmer entwickelt und benutzt Ansätze des systems thinking und der Innovation genauso wie eines sich weiterentwicklenden menschlichen Bewusstseins (Scharmer 2018, S. ix). Die Theory U verändert dabei die eigene innere Positionierung und betrachtet dabei auch unser unterbewusstes Handeln (Scharmer 2018, S. xii). Die Idee dabei ist, dass man nicht mehr denkt und handelt auf der Basis der Vergangenheit (das haben wir schon immer so gemacht), sondern die Gegenwart wahrzunehmen und ultimativ die erwartbare Zukunft zu sehen und in Entscheidungen mit einzubeziehen. Laut Scharmer beeinflusst Veränderung die unterschiedlichensten Dimensionen des Daseins – von dem Indiuduum über die Gruppe hin zur Institution und zum globalen System (Scharmer 2018) (Abb. 4.1).

Scharmer geht davon aus, dass wir die vergangenen Aspekte betrachten müssen, um uns dann von ihnen zu lösen und die Gegenwart und die Zukunft mit anderen

Abb. 4.1 Theory U, Presencing Institute, Otto Scharmer

Augen sehen zu können. Dann können wir durch Prototypen und iteratives Reflektieren zu neuen innovativen Lösungen kommen, die das ganze System betrachten.

4.2 Development Goals

Die immer globaler arbeitende Kulturlandschaft führt zu einer stärkeren Zusammenarbeit nicht nur im künstlerischen Bereich, sondern auch in vielfältigen anderen Bereichen. Zu nennen sind hier beispielsweise Nachhaltigkeit, Energiepolitik, Umgang mit Diskriminierung und Rassismus. Diese Themen sind schon längst keine Randthemen mehr im Kulturbereich, sondern erlangen immer stärkere Bedeutung auch in der künstlerischen Planung. Im folgenden sollen Zielsysteme vorgestellt werden, die sich auf den Kulturbereich und deren Haltungen auswirken. Und damit indirekt auf die Themen und Ausrichtungen der Evaluationen.

Sustainable Development Goals (SDG)
Mit der 2030 Agenda für nachhaltige Entwicklung haben in 2015 alle Mitgliedsstaaten der UN insgesamt 17 Ziele aufgestellt, die für Frieden und Wohlstand auf der ganzen Welt führen können. Mit dem Wohlstand ist nicht nur der direkte Wohlstand der Menschheit, sondern auch indirekt der Wohlstand der Natur und der Erde gemeint. Dabei sind einige Ziele, die besonders relevant für den Kulturbereich sind: Zum Beispiel das Ziel 4 (Bildung) spielt stark in den Bereich der kulturellen Bildung

Abb. 4.2 SDGs (UN 2023)

mit ein. Das Ziel 5 (Gender Equality) bezogen auf den Kulturbereich ist sehr relevant, da hier der gender pay gap und der gender leadership gap nach wie vor immanent sind. Das Ziel 11 (sustainable cities and communities) fokussiert nicht nur auf das kulturelle Erbe, sondern auch auf die Qualität des Lebens in Städten, zu der auch das kulturelle Angebot zählt. Und beim Ziel 16 (peace, justice and strong institutions) handelt es sich um eine Stärkung von transparenten und gemeinwohlorientierten Institutionen, zu denen auch der Kulturbereich gezählt werden kann (Abb. 4.2).

> **Beispiel Museum Development Goals (MDG)**
>
> Die Nordmetall Stiftung lud im März 2023 zu einem Thinktank ein, um sich mit dem Thema Wirkung in Museen auseinanderzusetzen. Daraus entstanden sind mehrere Ansätze für Wirksysteme, unter anderem die sogenannten Museums Development Goals. Diese orientieren sich an dem Aufbau, der Grafik und dem Werteverständnis der SDGs der UN. So soll ein ähnliches System auf Basis der ICOM Definition 2022 für Museen aufgebaut werden. Dabei werden die Aspekte, die in der Definition genannt werden als Museum Development Goals betrachtet und auf einer Website tiefer gehend in Bezug auf die Wirkung eines Museums betrachtet. Diese Auseinandersetzung fokussiert unter anderem auf Themen der Nachhaltigkeit, der Diversität, und der Bildung (Nordmetall 2023). ◄

Inner Development Goals (IDG)
Die IDGs sind eine Nonprofit Organisation, die als open source fungiert. Basis der Arbeit ist es, Ziele aufzustellen, die jedem Individuum, aber auch Organisationen hilft durch das eigene Verhalten und die eigene Haltung die SDGs besser und schneller zu erreichen. Dazu gehören 5 Bereiche mit insgesamt 23 Fähigkeiten und Qualitäten. Die fünf Bereiche gehen von dem Bezug auf sich selbst (Sein) hin zur Fürsorge für andere und die Welt (Beziehung) bis zum Vorantreiben von Wandel (Handeln). Besonders der Bereich des Handelns hat einen intensiven Bezug zur Wirkungsmessung und zum kontinuierlichen Umgang mit wicked problems und einem iterativen Handlungsansatz. Die IDGs gehen dabei auf jedes Individuum ein, aber sie legen einen intensiven Schwerpunkt auf das Thema Führung. Nur wenn die Leitungsebene versteht, was Wandel, Verantwortung und Wirkung bedeutet, kann die jeweilige Kultureinrichtung nachhaltig geführt werden (Abb. 4.3).

4.3 Systeme der Verantwortung

Verantwortungsvolles wirtschaftliches Handeln und Profitorientierung werden eher als Gegensätze angesehen als sich ergänzende Konzepte. Sozialunternehmen und auch kreativwirtschaftliche Unternehmen, die profitorientierte Aspekte mit gemeinwohlorientierten Zielen verbinden wollen, sind in Deutschland gezwungen, sich in der Rechtsform zwischen den beiden Aspekten zu entscheiden. Sicherlich ist ein wirtschaftlicher Geschäftsbetrieb bei gemeinnützigen Einrichtungen möglich. Und auch gemeinnützige Aspekte wie Spenden oder corporate volunteering sind für Wirtschaftsunternehmen unproblematisch. Schwierig wird es, wenn beide Aspekte gleichberechtigt im Unternehmenszweck behandelt werden. Als Lösung werden oftmals zwei Unternehmen gegründet, die dieser Situation gerecht werden – beispielhaft eine profitorientierte GmbH und ein gemeinnütziger Verein. Diese Teilung ist nicht nur rechtlich wichtig, sondern hat auch etwas mit der Legitimation gegenüber Investoren, Gesellschaftern, Förderern und Spendern zu tun. Spender und öffentliche Förderer tun sich in Deutschland schwer mit wirtschaftlichen Aspekten, Wirtschaftsförderer und Investoren mit den sozialen oder gemeinwohlorientierten Zielen von Unternehmen.

Die purpose driven economy nimmt dies zum Anlaß Kritik an dem bisherigen kapitalistischen System zu üben und regt eine Veränderung des Systems an. Wie kann übergreifend in Politik, aber auch in der Wirtschaft und in der Gesellschaft ein solcher system change angeregt werden? Dies bedarf einer Sensibilisierung, dass beide Aspekte gleichberechtigt betrachtet werden können in Unternehmen aller Branchen. Die beschriebenen hybriden Modelle werden als vierter Sektor

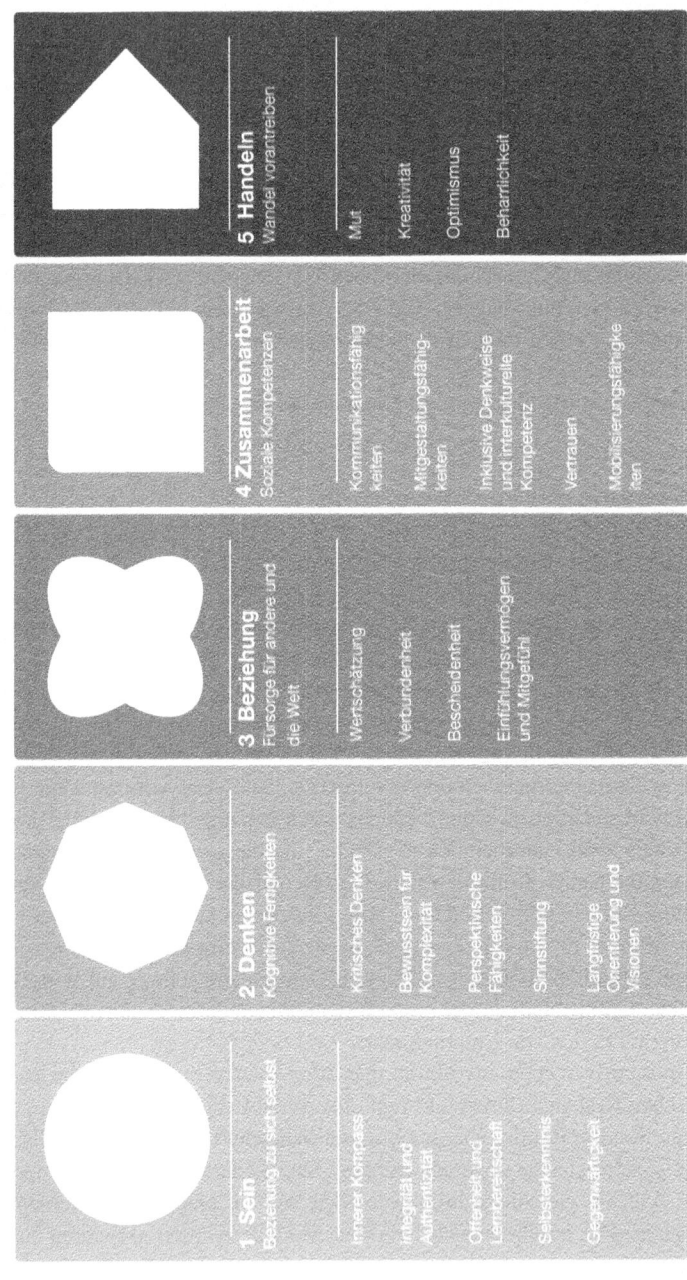

Abb. 4.3 Inner development goals (IDG 2023)

(neben den traditionellen drei Sektoren privat, öffentlich und nicht profitorientiert) definiert (Sanchez Hernandez et al. 2021; Taillard 2017).

4.3.1 Benefit Corporation und B Corp Zertifizierung

Die weltweite Bewegung der BCorporation und der Benefit Corporation sind einer der change agents, die diesen system change stärken wollen. Sie setzen einen purpose driven economy Ansatz in den Kern ihrer Handlungen. Es handelt sich um zwei miteinander verbundene Stränge, die seit der Gründung 2006 international auf Interesse gestoßen sind und auch in Deutschland seit 2020 Fuß gefasst haben (B corporation 2023).

Die Zertifizierung
Die BCorporation ist eine Zertifizierung, bei der Unternehmen ein self assessment durchführen in den fünf Bereichen Mitarbeiter, Unternehmensführung, Kunden, Umwelt und community. Nach dieser selbst durchgeführten Einschätzung wird die Zertifizierung durch das gemeinnützige BLab überprüft und begleitet. Alle 3 Jahre wird dieses Assessment erneuert (Honeyman 2019).

Die Rechtsform
Die Benefit Corporation wurde 2014 in Kalifornien als legale Rechtsform etabliert. Die BLabs waren hierbei maßgeblich in der Entwicklung des Gesetzesentwurfes beteiligt. Viele weitere Gesetze in anderen Staaten orientierten sich an diesem Entwurf. Die Rechtsform ist die Basis eines profitorientierten Unternehmens ohne Steuervorteile, das in seinem Unternehmenszweck Aspekte des öffentlichen Wohls festschreibt. Je nach Legislatur muss dies mit jährlichen Berichten untermauert werden (Marquis 2020).

Chancen und Risiken der Einführung einer neuen Rechtsform
Ziel der Rechtsform ist es von einer shareholderorientierten hin zu einer stakeholderorientierten Situation im Unternehmen zu kommen. Sozial verträgliche Löhne oder nachhaltiges Handeln können von Mehrheitsgesellschaftern nicht mehr mit der Begründung der Verfremdung des Unternehmenszweckes unterbunden werden. Die Akzeptanz bei Behörden und Investoren wird dadurch erhöht. Die Rechtsform unterstützt Unternehmen dabei ihr Unternehmertum dazu zu nutzen Gutes zu tun. Die Gefahr, dass diese Rechtsform als Green washing genutzt wird, wird abei als gering angesehen. Gerade für Sozialunternehmen und kreativwirtschaftliche Unternehmen, die sich oft an der Schnittstelle von Profit und Ge-

meinwohl befinden, kann diese Rechtsform zu höherer Akzeptanz führen. Die Rechtsform bietet eine Brücke ziwschen economic und social/creative impact (Marquis 2020). Dies kann wiederum einen Einfluß auf die gemeinnützigen Kulturakteure haben, die in BCorp zertifizierten Unternehmen natürliche Partner für Kooperationen, Spenden und Sponsoring finden, die ähnliche Werte verfolgen. International gibt es basierend auf der BCorp Bewegung einige weiterführende politische Ansätze dazu, die über die Freiwilligkeit hinaus gehen. So hat Elizabeth Warren im Rahmen des Präsidentschaftswahlkampfes in den USA 2018 den sogenannten „accountable capitalism act" eingebracht (alle amerikanischen Unternehmen, die mehr als 1 Mrd. Umsatz machen, sollen vom Gesetzgeber verpflichtet werden, auch gemeinwohlorientierte Ziel anzustreben). (https://www.warren.senate.gov/newsroom/press-releases/warren-introduces-accountable-capitalism-act) Weiterhin gibt es in den UK den better business act, der eine Gesetzesänderung erwirken will, dass Unternehmen automatisch verpflichtet werden, die Konsequenzen ihres wirtschaftlichen Handelns auf die Umwelt und die Gesellschaft zu tragen. (https://betterbusinessact.org/the-bba-story/)

4.3.2 Gemeinwohlökonomie

Christian Felber ist einer der Gründer der Gemeinwohlökonomie (Felber 2014). 2009 taten sich eine Handvoll von Unternehmen zusammen und entwarfen eine alternative Bilanz (Abb. 4.4). Eine Bilanz, die nicht nur nach kapitalistischen Grundsätzen Einnahmen und Ausgaben, monetäre Gewinne und Verluste abzeichnet, sondern eine Bilanz die die soziale, ökologische und kulturelle Verantwortung der Unternehmen mit einbezieht. Die die Zahlen dahingehend verändert, dass nicht die rein gewinnorientierte Sichtweise gelobt und gewertschätzt wird, sondern auch die Verantwortung den Mitarbeitenden und der Gesellschaft gegenüber. Diese Bilanz wurde demokratisch legitimiert und entwickelt sich genauso weiter. Es gibt regionale GWÖ Gruppen, die durch Austausch und Diskussion die Bedarfe und Umsetzungen diskutieren und auch Veränderungen der bisherigen Bilanzmatrix weiter entwickeln. Das ist ein gravierender Unterschied zu dem Konzept der B-Corp.

Bei der Bilanz geht es um die Sinnhaftigkeit der Produkte, humane Arbeitsbedingungen, ökologische Produktion und ethisches Verkaufen, es geht um Kooperation und Solidarität mit anderen Unternehmen, es geht um Gleichberechtigung und demokratische Entscheidungsfindung im Unternehmen. Diese Indikatoren werden durch ein Punktesystem meßbar gemacht. Die Punkteerreichung wird dann in vier Klassen eingeteilt.

4.3 Systeme der Verantwortung

GEMEINWOHL-MATRIX 5.0

BERÜHRUNGSGRUPPE \ WERT	MENSCHENWÜRDE	SOLIDARITÄT UND GERECHTIGKEIT	ÖKOLOGISCHE NACHHALTIGKEIT	TRANSPARENZ UND MITENTSCHEIDUNG
A: LIEFERANT*INNEN	A1 Menschenwürde in der Zulieferkette	A2 Solidarität und Gerechtigkeit in der Zulieferkette	A3 Ökologische Nachhaltigkeit in der Zulieferkette	A4 Transparenz und Mitentscheidung in der Zulieferkette
B: EIGENTÜMER*INNEN & FINANZPARTNER*INNEN	B1 Ethische Haltung im Umgang mit Geldmitteln	B2 Soziale Haltung im Umgang mit Geldmitteln	B3 Sozial-ökologische Investitionen und Mittelverwendung	B4 Eigentum und Mitentscheidung
C: MITARBEITENDE	C1 Menschenwürde am Arbeitsplatz	C2 Ausgestaltung der Arbeitsverträge	C3 Förderung des ökologischen Verhaltens der Mitarbeitenden	C4 Innerbetriebliche Mitentscheidung und Transparenz
D: KUND*INNEN & MITUNTERNEHMEN	D1 Ethische Kund*innenbeziehungen	D2 Kooperation und Solidarität mit Mituternehmen	D3 Ökologische Auswirkung durch Nutzung und Entsorgung von Produkten und Dienstleistungen	D4 Kund*innen-Mitwirkung und Produkttransparenz
E: GESELLSCHAFTLICHES UMFELD	E1 Sinn und gesellschaftliche Wirkung der Produkte und Dienstleistungen	E2 Beitrag zum Gemeinwesen	E3 Reduktion ökologischer Auswirkungen	E4 Transparenz und gesellschaftliche Mitentscheidung

Abb. 4.4 ecogood (2023)

Gemeinwohl ist laut Felber ein nicht feststehender Begriff, der sich mit den Jahren auch wandeln kann. Daher handelt es sich um einen immer weiter gehenden Aushandlungsprozess, der innerhalb der Bewegung diskutiert wird (Felber 2014, S. 39). Ziel der Bewegung ist, dass Unternehmen, die eine gute Gemeinwohlbilanz vorweisen können auch politisch gewertschätzt werden durch volkswirtschaftliche Vorteile (Steuervorteile, direkte Förderung, Kreditvorteile, etc.). Momentan werden da noch alle Unternehmen gleich behandelt, sodass es wenig extrinsische Anreize gibt, sich gesellschaftlich relevant zu verhalten als Unternehmen.

4.4 Zusammenfassung

Interessant an der Bewegung der BCorp und der benefit corporation, aber auch der genannten internationalen Initiativen ist die Sensibilisierung der Politik und der Wirtschaftsakteure zu diesem Thema. In vielen Aspekten erscheinen Teile der Wirtschaft und allen voran die Kreativwirtschaft und die Sozialunternehmen den Behörden und Ministerien schon mehrere Schritte voraus zu sein. Die Diskussion in Deutschland über wirtschaftlich verantwortliches Handeln sollte intensiviert werden. Und das geht weit über freiwillige soziale Verantwortung hinaus. Die ganzheitliche Betrachtung unseres Wirtschaftssystems, unserer Lieferketten und unseres Konsumverhaltens kann durch die BCorp Zertifizierung angeregt werden. Alle Zertifizierungen/Modelle gehen weiter davon aus, dass es privatwirtschaftliche Unternehmen gibt, das Überschüsse und Gewinne erzielt werden sollen. Lediglich die Nutzung der Gewinne wird anders gewichtet, weg von einer shareholder Orientierung hin zu einer stakeholde Orientierung. Den erwirtschafteten Gewinn wieder für das Wohl des Unternehmens oder der Gesellschaft nutzbar machen soll hier das Ziel sein.

Wenn daraus politische Anreize folgen, die Wege zu mehr wirtschaftlich verantwortungsvollem Handeln eröffnen, ist das für die Kreativwirtschaft, aber auch für die gemeinnützige Kulturlandschaft zukunftsweisend in mehreren Belangen: Partnerschaften mit Wirtschaftsunternehmen können auf intensivere Beine gestellt werden, die Denkweise der Wirkungsmessung wird sich verbreiten und dadurch mehr Gewicht erhalten. Letztendlich wird dadurch ein nicht profitorientierter Bereich wie die Kultur verständlicher.

Evaluation und Kulturpolitik 5

Im folgenden Kapitel werden die Themen der Evaluation in Bezug zur Kulturpolitik zunächst in Deutschland und dann im europäischen Ausland betrachtet. In Deutschland existiert eine klassische föderale Struktur. Die Kultur ist Ländersache und damit sind in jedem Bundesland andere Regeln und andere Zustände in Bezug auf die politischen und finanziellen Bedarfe entstanden. Dies zeigt sich bereits bei der Ressortaufteilung in den jeweiligen Bundesländern – so hat Hamburg eine Behörde für Kultur und Medien, in Bayern ist es das Bayrische Staatsministerium für Unterricht und Kultus und in Berlin ist das Resort dem Bürgermeister direkt unterstellt und damit eine Senatskanzlei für Kultur und Gesellschaftlichen Zusammenhalt. Diese Begrifflichkeiten haben sich in den drei vorliegenden Auflagen des Buches von Auflage zu Auflage jeweils wieder verändert.

Danach wird kurz der Blick auf drei internationale Beispiele geworfen, anhand deren man nachvollziehen kann, wie in Europa mit dem Thema der Evaluation in der Kultur umgegangen wird. Es werden auch kurz die jeweiligen kulturpolitischen und kulturfinanzierenden Rahmenbedingungen vorgestellt, da die drei Faktoren Politik, Finanzierung und Evaluation eng beieinanderliegen. Dabei werden die Schweiz, Großbritannien und die Niederlande auch im Laufe der Zeit der drei Auflagen des Buches betrachtet. In allen drei Fällen werden nur ausschnittsweise Beispiele benannt für Evaluationspraxen, die interessant erscheinen. Es geht dabei nicht darum eine Bewertung der jeweiligen Kulturförderung und deren Evaluation vorzunehmen.

5.1 Deutschland

Für Deutschland werden nach einander die Themen der Kulturförderung, der Kulturpolitik und der Evaluation betrachtet.

5.1.1 Kulturförderung

Durch die förderale Struktur ist der Stellenwert, den die Kultur in den Ländern einnimmt, immer ein anderer. Dies beschreibt wie schon erwähnt die immer wechselnde Zuständigkeit und Zuschnitt der zuständigen Behörden. Zum gemeinsamen, überregionalen Austausch gibt es die Kultusministerkonferenz, die sich um alle Fragen der Kultur und der Bildung kümmert (mehr Informationen unter www.kmk.org).

Auf Bundesebene gibt es in Deutschland seit 1998 einen Staatsminister beim Bundeskanzler bzw. einen Beauftragten für Kultur und Medien (Bundesregierung 2010), der sich um gesamtdeutsche Themen kümmert. Das bedeutet einmal die Subventionierung der gesamtdeutschen Kultureinrichtungen wie der Bundeskunsthalle in Bonn, auf der anderen Seite aber auch die Förderung der Kulturstiftung des Bundes und übergeordneter Themen wie die Kultur- und Kreativwirtschaft.

In Zahlen ausgedrückt besagt das Folgendes: Laut des Kulturfinanzberichtes 2022, herausgegeben vom Statistischen Bundesamt (Destatis), gaben Bund, Länder und Gemeinden zusammen im Jahr 2020 14,5 Mrd. € (2013 waren es 9,9 Mrd. €) für Kultur aus.[1]

Den Löwenanteil der Kulturfinanzierung übernehmen in Deutschland die Gemeinden mit 39,1 % und rund 5,7 Mrd. € (2013 waren es 45 % und rund 4,5 Mrd. €) und die Länder mit 38,6 % und rund 5,6 Mrd. € (2013 waren es 41 % und rund 4,1 Mrd. €). Der Bund hingegen hat einen Anteil von 22,3 % und rund 3,2 Mrd. € (2013 waren es 14 % und rund 1,3 Mrd. €) an den öffentlichen Kulturausgaben. Der starke Anstieg ist dabei auf die Hilfsmaßnahmen gegen die Folgen der Coronapandemie zurückzuführen. Aus den laufenden Haushalten ist zu sehen, dass 2021 sich der Etat nochmals erhöht hatte und 2022 dann schon eine Konsolidierung stattgefunden hat, die sich 2023 fortsetzt.

Wenn man das zu den Gesamtetats in Bezug setzt, dann handelt es sich ungefähr um 1,89 % des gesamten Bundeshaushalts (2013 waren es 1,68 %), die die öffentliche Hand für die Kultur zur Verfügung stellt.

Betrachtet man die privaten Förderer, so gibt es keine einheitliche Statistik, die eine verlässliche Gesamtzahl aller privaten Gelder auflistet. Daher gibt es ver-

---

[1] Die Kulturfinanzberichte werden zusammen mit der Kultusministerkonferenz, dem Beauftragten der Bundesregierung für Kultur und Medien und dem Deutschen Städtetag erarbeitet. Zu finden sind sie als kostenlose PDF-Datei unter www.destatis.de.

schiedene Einschätzungen. Während eine Vertreterin der Kulturpolitischen Gesellschaft (Blumenreich 2008) den Anteil der privaten Mittel an der gesamten Kulturfinanzierung auf ca. 5 % schätzt, hat der Kulturkreis im BDI[2] den Anteil bei ca. 10 % eingeordnet. Neuere Zahlen liegen ausschließlich für private Spenden vor: Das Spendenaufkommen in 2022 für den Kulturbereich machte 1,8 % der gesamten Spenden aus (Deutscher Spendenrat 2023). Bei 5,67 Mrd. € Gesamtspendenvolumen macht das ca. 10,2 Mio. € aus.[3] Das sind ca. 7 % der öffentlichen Kulturförderung. Nicht beachtet werden in dieser Darstellung Sponsoringeinnahmen von Unternehmen, zu denen es keine bundeseinheitlichen Statistiken gibt.

Eine Sondersituation ergab sich in den Jahren 2020–2022 durch die Corona Pandemie und die vielfach aufgelegten Sonderfonds als Hilfestellung für den Kulturbereich diese besondere Situation zu überstehen. Dies hatte auch einen Einfluß auf die Evaluationspraxis und die Innovation in der Förderung (siehe Beispiel unten).

5.1.2 Kulturpolitik

Jedes Bundesland in Deutschland hat durch das oben genannte föderale Prinzip seine eigenen kulturpolitischen Ansätze und Handlungsrahmen. Dies sieht man nicht nur an den verschieden hohen Budgets, sondern auch an Rechtsstrukturen (ein Beispiel: 1999 wurden in Hamburg alle öffentlich geförderten Museen in Stiftungen umgewandelt) oder an Schwerpunkten der jeweiligen Kulturpolitiker (so wird zum Beispiel die Soziokultur in 15 von 16 Bundesländern gefördert und in 12 Ländern gibt es offizielle Dokumente, wie diese Förderung aussehen soll, vgl. Blumenreich 2008 und Liersch 2022).

Deutschland ist nach wie vor eines der Länder der Welt, in denen Kultur grundsätzlich einen hohen politischen Stellenwert hat und in dem es undenkbar wäre, die staatlichen Kulturausgaben zu streichen. Auch wenn es in fast allen Ländern und Städten momentan zu Streichungen kommt, so sind diese immer im Verhältnis zu den anderen Ressorts zu betrachten. Beispielsweise ist Deutschland eines der Länder der Welt mit der höchsten Anzahl von Theatern pro Kopf[4] – und das nicht zuletzt wegen der staatlichen institutionellen Subvention für alle Staats- und Stadttheater.

---

[2] Siehe auch: www.kulturkreis.eu.

[3] Die Zahlen stammen aus der Bilanz des Helfens, einer Teilstudie der Studie GfKharity Scopse. Diese beruht auf kontinuierlichen, schriftlichen Erhebungen bei einer repräsentativen Stichprobe von 10.000 Panelteilnehmern.

[4] Laut Deutschem Bühnenverein gibt es 132 (2017 waren es noch 143) öffentlich getragene Theater, dazu kommen rund 147 (2017: 221) private Theater, etwa 107 (2017: 130) Opern-, Sinfonie- und Kammerorchester und ca. 51 (2017: 77) Festspiele (Bühnenverein 2023).

Diese hohe institutionelle Förderquote ist auch der Grund dafür, dass die Kulturpolitiker keinen großen Spielraum für neue Impulse, neue Schwerpunktsetzungen oder Veränderungen der Förderpolitik haben. Im Schnitt sind zwischen 93 und 95 % der Kuluretats bereits an die institutionellen Förderungen für Opernhäuser, Museen, Theater, Symphonieorchester etc. gebunden – es bleiben also 5 bis 7 %, um Neues zu wagen oder Veränderungen zu bewegen.

Dazu kommt, dass es momentan weder einheitliche Regelungen zur Evaluation von institutioneller Förderung gibt, noch überhaupt einen kontinuierlichen Einsatz von Evaluation. In Bezug auf Projektgelder sieht das etwas anders aus, denn natürlich wird für jede Projektzusage auch ein Verwendungsnachweis angefordert, in dem meist nicht nur dargelegt werden soll, wofür die Gelder ausgegeben wurden, sondern auch, wie erfolgreich das Projekt war und ob die gesetzten Ziele erreicht worden sind. In Bezug auf Institutionen gibt es wenige Beispiele einer ganzheitlichen Evaluation, keines davon hatte Förderentscheidungen zur Folge,[5] wobei tatsächlich diskussionswürdig ist, ob eine Förderentscheidung anhand einer einmal durchgeführten Evaluation sinnvoll ist.

Die Wichtigkeit des Themas Evaluation in der Kulturpolitik wird aber angesichts mittel- und langfristig sinkender oder im besten Fall stagnierender Kulturbudgets immer stärker diskutiert und eingefordert. Immer mehr Länder und Städte haben klare Controlling-Systeme auch für die staatlich subventionierten Kulturinstitutionen entwickelt und versuchen durch Quartalsgespräche, die Entwicklung der Institutionen kontinuierlich und regelmäßig zu steuern. Neben diesen rein quantitativen Berichten wird immer häufiger auch versucht, qualitative Instrumente mit einzusetzen.

5.1.3 Evaluation

Aus Perspektive der DeGEval ist die Koppelung von Evaluationen an Entscheidungsprozesse eine notwendige Bedingung, um in Politik, Wirtschaft und anderen Handlungsfeldern zu einer reflexiven Haltung bei Entscheidungsträgerinnen und -trägern beizutragen, Steuerung sachlich zu fundieren und Wirkungen abzuschätzen. Damit tragen Evaluationen zu einer evidenzbasierten Politik und Praxis bei (DeGEval 2008). In einem Positionspapier aus dem Jahr 2017 bestätigt die De-

---

[5] Das Land Schleswig-Holstein führte im Jahr 2002/2003 eine Evaluation mit den Schwerpunkten Museumsförderung, private und freie Theater sowie Verbände und Projektförderung durch, siehe Abschlussbericht des Ministeriums für Bildung, Wissenschaft und Kultur vom September 2003; in Hamburg wird seit 1999 aufgrund einer Globalrichtlinie jedes Jahr die Stadtteilkultur mit festen Indikatoren und Kennzahlen evaluiert, die Hauptkennzahlen werden dabei immer veröffentlicht, siehe auch: www.hamburg.de/landesrat.

GEval, dass sich „in der Politik in den vergangenen Jahren eine stetige Zunahme der Verwendung des Evaluationsbegriffs zeigt, beispielsweise in der parlamentarischen Arbeit. Dieser Zuwachs verbleibt bisher allerdings vorwiegend im Nominellen, [...]. Für die Evaluation in der Politik ist also nach wie vor ein Umsetzungsdefizit zu konstatieren" (DeGEval 2017).

Zum Stand der Dinge im Bereich Kultur und Kulturpolitik gibt es in Deutschland noch keine etablierte Evaluationskultur (Böttcher 2014, S. 10; Hennefeld und Stockmann 2013, S. 89).

Zu unterscheiden ist auch hier die nationale Ebene von der städtischen und kommunalen Ebene. Während auf der nationalen Ebene oftmals Dokumente und Evaluationen beauftragt werden, um ganze Subventionssysteme zu überprüfen und Strukturveränderungen vorzuschlagen, geht es auf der Ebene der Städte und Kommunen meist um Entscheidungen, die explizit Institutionen betreffen.

5.1.4 Nationale Ebene

Beispiele auf der nationalen Ebene sind verschiedene Enquete-Kommissionen. Besonders soll hier die Enquetekommission zum Thema Kultur in Deutschland genannt werden. Solche Enquetekommissionen werden überparteilich besetzt und fokussieren sich auf ein spezielles Thema und erarbeiten in einer begrenzten Zeit (in diesem Falle 2005 bis 2007) eine Aussage dazu, wie der Status ist und welche Handlungen empfohlen werden. Im Gesamten handelt es sich also nicht um eine reine Evaluation, im Laufe der Kommission werden allerdings viele Fachgutachter beauftragt und auch qualitative Evaluationsmethoden, wie Fachanhörungen etc., eingesetzt. So umfasst der Schlussbericht vom 11. Dezember 2007 der Kommission, die am 15. Dezember 2005 vom Deutschen Bundestag berufen wurde, 512 Seiten und beschäftigt sich sehr umfassend mit vielen Aspekten der Kulturförderung in Deutschland.[6] Dies ist auch ein gutes Beispiel der nationalen politischen Evaluation, denn die Enquetekommissionen sollen dem Bundestag nicht nur den Stand des Themas unterbreiten, sondern auch erarbeitete Handlungsempfehlungen vorlegen.

Ein neueres Beispiel sind die Evaluationen der Sondergelder NEUSTART Kultur. Die Beauftragte des Bundes für Kultur und Medien (BKM) wollte die Auswirkungen der COVID-19-Pandemie auf den Kulturbereich abmildern. Dazu entwickelte sie das branchenspezifische Rettungs- und Zukunftsprogramm NEUSTART KULTUR mit einem Volumen von 2 Mrd. €. Die insgesamt 74 Einzelprogramme liefen mit unterschiedlichen Zeiten von Sommer 2020 bis Ende 2022. Die Einzelprogramme waren in drei strukturelle Teile aufgeteilt: Mehrbedarfe pandemiebedingter Investitionen,

---

[6] Der Bericht ist downloadbar unter: http://dipbt.bundestag.de/dip21/btd/16/070/1607000.pdf.

Erhalt und Stärkung von Kulturproduktion- und vermittlung, pandemiebedingte Mehrbedarfe bundesgeförderter Kultureinrichtungen. Die Einzelprogramme wurden dann durch Bundesverbände und Bundesfonds organisiert und durchgeführt (unter anderem Fonds Darstellende Künste, Stiftung Kunstfonds, Fond Soziokultur, Deutscher Musikrat, Initiative Musik, etc. ...) Viele dieser Programme entwickelten schnell innovative Fördermaßnahmen (Stipendien, digitale Förderungen, etc.), die beim Ablauf der Förderungen fast alle evaluiert wurden. Die Evaluationen hatten zum Einen das Ziel die Wirkung der eingesetzten Mittel sichtbar zu machen und zum Anderen Learnings für zukünftige Förderungen zu erhalten.

NEUSTART Kultur

Beispielhaft sollen zwei unterschiedliche Evaluationen genannt werden:

Evaluation des Fonds Soziokultur: Mit dem Förderprogramm Profil: Soziokultur und dem Fokus auf Prozesse statt Projekte hat der Fonds Soziokultur 654 Einrichtungen im Jahr 2022 erstmals ermöglicht, ihre Organisation intern weiterzuentwickeln und das eigene Profil zu schärfen. 16,9 Mio. € Fördermittel wurden in dem Jahr im Rahmen von NEUSTART KULTUR für die Weiterentwicklung und Stabilisierung der freien, soziokulturellen Szene durch den Fonds vergeben. Die Evaluation arbeitete dann mit einer online Befragung, Fokusgruppen, Einzelinterviews unterschiedlicher Stakeholdergruppen. Neben dem klassischen Evaluationbericht wurde ein weiterer Auftrag vergeben, der sich aus den 654 Einrichtungen 20 case studies widmete und diese tiefer betrachtete in Bezug auf ihre Wirkung (https://profil-soziokultur.de/evaluation-2022/).

Evaluation Musikfonds: Auch der Musikfonds hat seine Tätigkeiten 2022 evaluieren lassen vor dem Hintergrund der Neustart Kultur Gelder. Hier wurde eine Mischung aus Wirkungskreislauf, logical framework, online Befragung und Fokusgruppen gewählt. Eine der Fokusgruppen wurde mit Menschen geführt, die bereits des öfteren abgelehnt wurden. Hier ging es speziell um die Transparenz, Barrierearmut und Niedrigschwelligkeit der Bewerbungsmodalitäten (https://www.musikfonds.de/verein#evaluierung). ◀

5.1.5 Kommunale Ebene

Evaluationen haben auf der kommunalen Ebene oftmals die Funktion der Kontrolle und der Legitimation. Im Kulturbereich werden meistens Expertenevaluationen in Bezug auf künstlerische Themen herangezogen. Dies passiert aus dem Grund, dass es schwierig ist, Kriterien zur Messung kultureller Qualität festzusetzen, andererseits aber Aussagen über Mittelverteilung getroffen werden müssen.

Entscheidend dabei ist, ob die Verwaltung und die Politik den Mut haben, die Ergebnisse der Evaluationen auch wirklich umzusetzen. Nicht immer sind die Ergebnisse so, dass sie der momentanen finanziellen oder politischen Lage opportun erscheinen. Dem Nichtbefolgen einer Expertenevaluation aber folgt immer eine Einschränkung der Glaubwürdigkeit der Politik und der Verwaltung einerseits und ein gewisser Gesichtsverlust der Experten in der Szene andererseits.

Kulturförderrichtlinie Oldenburg

Die Stadt Oldenburg hat als erste Kommune in Deutschland in den Jahren 2020–2023 eine Kulturförderrichtlinie entwickelt, die 2024 im ersten Jahr umgesetzt wird. Dabei wurde ein partizipatives Vorgehen gewählt, das von der Politik gesteuert und getragen wurde. Auf Initiative der Verwaltung in Zusammenarbeit mit den geförderten Kultureinrichtungen und der Kulturpolitik wurden kulturpolitische Ziele erarbeitet. Diese wurden mit Indikatoren belegt. Alle geförderten Institutionen mussten 2023 einen Antrag für die Förderung der nächsten 5 Jahre stellen. Diese Anträge sollten auch belegen, inwiefern die Institution auf zumindest zwei der fünf kulturpolitischen Ziele einzahlt. Die Anträge wurden von einem Beirat begutachtet, der aber eine reine Beratungs-/Empfehlungsaufgabe für die Politik einnimmt. Die Politik entscheidet dann aufgrund der Anträge über die Fortführung/Höhe der Förderung.

Im ersten Durchgang wurde allen geförderten Institutionen eine Förderung in mindestens gleicher Höhe zugesagt. In den nächsten Jahren werden durch Wirk-Gespräche die Entwicklung der einzelnen Institutinen weiter verfolgt. Als kulturpolitische Ziele wurden die Bereiche Teilhabe, Stadtteilkultur, Nachwuchsförderung, Innovation und Experiment und Netzwerke gesetzt.

Hervorzuheben ist hier die sehr gute Zusammenarbeit der Politik mit der Verwaltung und den Kultureinrichtungen. Das System und das Vorgehen ist vielversprechend und zukunftsweisend, indem sich alle Kultureinrichtungen in lernende Organisationen verändern, die sich weiter entwickeln. Weiterhin wird durch ein solches System der Zugang von neuen Initiativen zu einer institutionellen Förderung erleichtert. ◄

Kultur als Wirtschafts- und Imagefaktor
Neben der Bedeutung als großem Subventionsnehmer fällt der Kultur in den letzten Jahren immer stärker eine Bedeutung als Wirtschafts- und Imagefaktor zu. Mit der Zunahme der Bedeutung des Kulturtourismus in Deutschland wurde auch erkannt, dass Kulturinstitutionen einen Teil der Attraktivität der Städte ausmachen (Tourismusverband 2006). In ihrer Statistik aus dem Jahr 2018 wird deutlich, dass

der Besuch kultureller und historischer Sehenswürdigkeiten mit 57 % an erster Stelle der Deutschen bei Reisen im Inland steht (Tourismusverband 2018). Es wurde und wird versucht, einen „return on cultural investment" deutlich zu machen. Diese Entwicklung ist in den anglo-amerikanischen Ländern schon viel länger Teil der kulturpolitischen Diskussion und Legitimation. So führt beispielsweise das Metropolitan Museum of Art in New York bereits seit 1975 Studien durch zum „economic impact" seiner Museumstätigkeiten (Reussner 2010, S. 177).

Regionalökonimische Betrachtungen und Studien

Es gibt unterschiedliche Ansätze, wie die regionalökonomischen Wirkungen von Kultur untersucht werden. Eine Möglichkeit sind indirekte Wirkungen durch Besucher von klar definierten Sonderausstellungen:

So hat das Bremer Institut für empirische Handels- und Regionalstrukturforschung der Hochschule Bremen hat begleitend zur Sonderausstellung „Caspar David Friedrich" in der Hamburger Kunsthalle im Jahre 2007 eine Besucherumfrage bei einem Prozent der Besucher durchgeführt. Hierbei sollten insbesondere die Wirkung der Marketingmaßnahmen sowie die möglicherweise entstandenen Imageeffekte und die regionalökonomischen Wirkungen untersucht werden. Unter anderem kam dabei heraus, dass 115.150 Besucher nur wegen der Ausstellung nach Hamburg kamen, dabei übernachtete die Mehrzahl der Besucher in Hotels und verband den Aufenthalt in der Stadt mit weiteren Ausgaben für gastronomische Angebote und Shopping. Daraus ergeben sich nach der Berechnung des Marktforschungsinstituts Ausgaben der Besucher in Höhe von ca. 8 Mio. € (zwischen 7,7, und 8,3 Mio. €, je nach Berechnung; Kunsthalle 2007, S. 34).

Ein anderer Weg ist die Betrachtung der vor Ort aktiven Vereine und Unternehmen im Kulturbereich, die Arbeitsplätze und Investitionen in die Region bringen:

Der Landkreis Osnabrück hat 2017 diese Effekte in einer qualitativen Studie betrachtet und ist zu positiven Schlußfolgerungen gekommen, ohne am Ende zu eindeutigen belastbaren Zahlen zu kommen. Die qualitativen Aussagen gestützt mit den quantitativen Daten einer Befragung der Aktuere kommt aber zu einem klaren Bekenntnis dafür, dass Kultur als Wirtschaftsfaktor wahrgenommen wird (https://www.landkreis-osnabrueck.de/sites/default/files/pdf-to-image/kulturberichtiii_webversion_0.pdf) ◄

Zusammenfassend soll hier die Darstellung von Reinhard Stockmann aufgenommen werden, welche die Evaluation mit einer dreifachen Zweckbestimmung

5.1 Deutschland

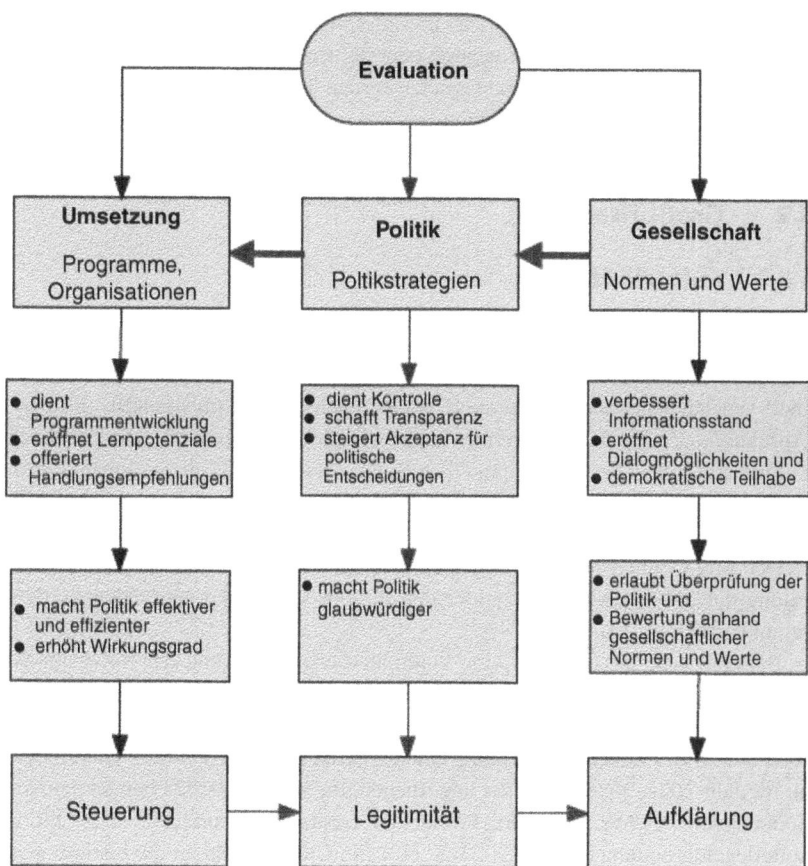

Abb. 5.1 Evaluation zwischen Gesellschaft und Politik. (Quelle: Stockmann und Meyer 2010, S. 20)

auszeichnet, die eben nicht nur die Institution, sondern auch die Politik und die Gesellschaft betrifft.

Die Abb. 5.1 verdeutlicht die Bedeutung, die Evaluation im politischen Bereich haben kann. Es geht dabei nicht nur um Effizienz und Effektivität, sondern auch um Glaubwürdigkeit. Die Glaubwürdigkeit der kulturpolitischen Entscheidungen wird in den nächsten Jahren immer wichtiger werden, denn wenn die Mittel weiterhin stagnieren oder sinken sollten, wird es langfristig nicht möglich sein, prozentuale Kürzungen durchzuhalten, da zwangsläufig irgendwann keine Institution mehr lebensfähig sein wird. Das bedeutet in der Konsequenz, dass ganze Institutionen geschlossen werden müssen oder die Budgets entgegen dem Trend des Gesamtbudgets bewusst nach oben gesetzt werden. Für beide Fälle bedarf es glaubwürdiger und klarer Argumentationen.

5.2 Großbritannien

5.2.1 Kulturförderung

Die zuständige Behörde auf Landesebene ist das Department for Culture, Media and Sport (DCMS). Dieses gibt nicht direkt Mittel an die Institutionen, sondern über verschiedene andere Gremien (siehe auch das „Arm's-length- Prinzip" ‚Abschn. 5.5.2). Es werden Gremien und Institutionen unterstützt, bei denen sich Kulturinstitutionen bewerben können, z. B. die Arts Councils, die nationale Lottogesellschaft, internationale Organisationen, ehrenamtliche Organisationen etc. (Culture 2024).

Der Arts Council England ist dabei die nationale Institution, die für die Verteilung der öffentlichen Staatsgelder und die der staatlichen nationalen Lotterie verantwortlich ist (Culture 2024).

Bis zum Jahr 2010 gab es eine kontinuierliche Steigerung der Subventionsgelder (2008/2009 = 437 Mio., 2010/2011 = 463 Mio. Pfund). Im Jahr 2010 gab es dann einen Einschnitt von 30 % für die nächsten Förderperioden, sodass 2014 nur noch 349 Mio. Pfund zur Verfügung standen (BBC 2010; IFS 2015). Das Budget für die Jahr 2024–2026 ist wieder angestiegen, im Jahr 2022/2023 bekam der Arts Council vom DCMS 543 Mio. Pfund und zusätzlichen rund 245 Mio. Pfund Lotteriegeldern (annual report 2023, S. 80). Ein Großteil geht an die institutionell geförderten National Portfolio Institutionen – das sind in der Periode 2023–2026 985 Institutionen (bis 2022 830).

5.2.2 Kulturpolitik

In England wird nach dem „Arm's-length-Prinzip" vorgegangen – das bedeutet, dass der Staat kein direktes Geld an die Kultur gibt, sondern das Ganze auf Armeslänge durch den Arts Council England und die regionalen Arts Councils durchführen lässt. Das heißt, dass die Entscheidungen denjenigen überlassen werden, die näher an den kulturellen Szenen sind und nicht direkt im politischen Regierungsumfeld agieren. Die Entscheidungen werden also Experten überlassen und keinen

Politikern oder Beamten der Ministerien. Dieses System wird seit über fünfzig Jahren praktiziert (Arts Council 2024).

Grundsätzlich kann man zwischen dem nationalen und den regionalen Arts Councils unterscheiden. Der National Arts Council besteht aus Mitgliedern, die allesamt ein spezielles Interesse in den Künsten haben sollen oder selbst aus der Szene kommen. Sie werden vom Minister für Kultur, Medien und Sport für vier Jahre benannt. Dieses Gremium trifft sich fünfmal im Jahr. Der Council ist dafür verantwortlich, dass die öffentlichen Gelder gemäß den Zielsetzungen verteilt werden.

5.2.3 Evaluation

Die Evaluation von Kulturprojekten und Kulturinstitutionen hat in England eine lange Tradition. Zum einen als Kontrolle und Überprüfung in Bezug auf die Verwendung der eingesetzten Mittel, zum anderen verstärkt als Instrument zur Selbstverbesserung. Während es 2010 noch Beispiele für ganzheitliche Evaluationen gab wie das Projekt des „Public value programmes"– Ziel war es hier, den öffentlichen Nutzen der Arbeit des Arts Council aufzuzeigen –, liegen die Schwerpunkte jetzt mehr auf der Selbstevaluation. Hierzu wurde ein elektronisches Toolkit entwickelt, das es der Institution ermöglicht, sich selbst einzuschätzen und herauszufinden, wo Verbesserungsmöglichkeiten vorhanden sind (Arts Council 2024).

Herausragendes Beispiel der letzten Jahre ist das Beteiligungsformat, in dem die Strategie des Arts Councils für die Jahre 2020 bis 2030 entwickelt wurde. Nach einer öffentlichen Debatte, die im Mai 2018 endete, wurde im Laufe des Jahres 2018 auf Grundlage eines ersten Berichtes und der öffentliche Debatte und anderer Dokumente eine Expertenberatung mit den Zuständigen des Sektors durchgeführt. Anhand dieser Ergebnisse ist die Strategie der nächsten zehn Jahre erarbeitet worden (Arts Council Strategy 2024). Diese bekam den Titel Let's create.

Besonders interessant ist an diesem neu aufgelegten Förderprinzip, dass es Gelder in die Kultur investiert. Es ist keine Rede von Förderung oder Subvention, sondern die Gelder werden investiert in zwei unterschiedliche Arten von Organisationen: „There are two kinds of organisations in this Investment Programme. National Portfolio Organisations are those that deliver cultural and creative work, while Investment Principles Support Organisations help people and organisations in the cultural sector to integrate one or more of the investment principles into their work." (Annual report 2022/2023, S. 12)

Für die Investment Principle Support Institutions werden drei outcomes definiert: creative people, cultural communities, a creative and cultural country. Um

Let's Create	Creative People	Cultural Communities	A Creative and Cultural Country
THE CHANGE WE WANT TO SEE	Everyone can develop and express creativity throughout their life.	Villages, towns and cities thrive through a collaborative approach to culture.	England's cultural sector is innovative, collaborative and international.
THE INDICATORS OF CHANGE	— A broader range of people are participating in creative activity, e.g. playing an instrument, creative writing, etc. — More children and young people from all backgrounds participate and progress in developing their creativity.	— Community engagement in local culture is broad and representative of the local population. — Communities engage in and shape cultural provision so that it is more relevant to the community. — Communities value culture for the social and economic benefits it brings.	— The workforce of the creative and cultural sector reflects the diversity of England. — Pathways into careers in the creative and cultural sectors exist and are accessible to children and young people regardless of background. — Cultural organisations are collaborative, sharing resources, learning from each other and establishing new partnerships in the education, technology and charitable sectors and with the commercial sector. — The cultural sector contributes to England's international reputation for creativity and builds sustainable international partnerships.

Abb. 5.2 Indikatoren Arts Council 2024

diese drei outcomes zu erreichen, wurden vier Prinzipien gesetzt, die die geförderten Einrichtungen befolgen sollen: ambition and quality, dynamism, environmental responsibility, inclusivity and relevance. Um dies aufzuzeigen wird ein impact framework aufgestellt, dass zu jedem der drei outcomes Indikatoren definiert. Diese müssen von den Institutionen aufgezeigt werden. Der Arts Council geht davon aus, dass diese Förderung zu einer Veränderung der Kulturlandschaft, der Institutionen und auch des Arts Council selbst führen wird (Abb. 5.2).

5.3 Niederlande

5.3.1 Kulturförderung

Die Niederlande haben im Jahr 2009 ein neues Prinzip der Kulturfinanzierung und Kulturförderung eingesetzt. Das alte System zeichnete sich durch die ständige Überprüfung und Infragestellung der Finanzierung der Kulturinstitution durch die öffentliche Hand aus. Dadurch war es für die Institution mitunter schwierig, langfristig zu planen. Ein weiteres Problem lag in einer möglichen, subjektiven Beschlussfassung einer Expertenevaluation.

Bislang beriet der Raad voor Cultuur über alle Anträge auf staatliche Förderung. Diese Anträge wurden regelmäßig alle vier Jahre gestellt. Der Rat bildete seine Meinung mithilfe der Unterstützung von etlichen Fachkommissionen. Die Macht des Rats war dabei sehr groß, das lässt sich auch daran erkennen, dass fast alle seine Empfehlungen umgesetzt wurden. Es gab in diesem System keinen Unterschied in der Antragstellung: Das Opernhaus hatte genauso alle vier Jahre einen Antrag zu stellen wie die kleine Theatergruppe. Auf der einen Seite mussten also auch die großen Einrichtungen fürchten, dass nach vier Jahren keine Finanzierung mehr bewilligt wird, auf der anderen Seite war es für neue oder kleinere Initiativen auch schwierig, in das System hineinzukommen, da sicher nicht nur die Qualität des Antrages, sondern auch die Vernetzung und die Lobby der jeweiligen Institution eine Rolle spielte.

Verschiedene Fachmeinungen stempelten das System als starr und bürokratisch ab – ein System, in dem Newcomer kaum eine Chance hätten. So ließ Medy van der Laan, die ehemalige Kulturstaatssekretärin, im Jahr 2006 kein gutes Haar an der alten Kulturförderung: „Ein verschrobenes, bürokratisches und entseeltes Verfahren." Gerade noch wurde die Cultuurnota für vier Jahre beschlossen, da begann auch schon die Vorbereitung für die kommenden vier Jahre. Eine enorme Bürokratie hatte sich verselbstständigt, ein starres Gebilde war entstanden, in dem Newcomer kaum eine Chance bekamen (Niederlande Net 2010).

Das neue Fördersystem ist differenzierter organisiert und führt andererseits zurück in eine klassische, zentralisierte Förderpolitik: Insgesamt erhielten im Jahr 2014 83 Institutionen institutionelle Kulturförderung (key figures netherlands 2016) in der Periode 2021–2024 sind es 116 Institutionen (Cultuursubsidie 2024), verwaltet durch das Ministerium für Erziehung, Kultur und Wissenschaft. Dies sind Institutionen, die die kulturelle Basis-Infrastruktur in den Niederlanden darstellen, also Institutionen, die eine entscheidende und wichtige Rolle des kulturellen Ausdrucks auf regionalem Level spielen oder aber eine nationale Funktion erfüllen.

Das Budget der kulturellen Infrastruktur enthält zum einen das Budget für die institutionellen Förderungen und zum anderen die Gelder für die sechs Cultural Funds (siehe auch Abschn. 5.3.2). In der Periode 2021–2024 wurden 375 Mio. € (2013 bis 2016 insgesamt 487 Mio. €) für die Basic Infrastructure for Culture (BIS) ausgegeben – davon 196 Mio. € für die institutionell geförderten Kultureinrichtungen und 179 Mio. € für die sechs Cultural Funds. (2013–2016 waren es 333 Mio. € für institutionell und 154 Mio. € für die Fonds) (Culture at a first glance 2016, S. 21; Cultuursubsidie 2024).

5.3.2 Kulturpolitik

Im Zuge des Überdenkens der Förderpraxis wurde Anfang 2008 zunächst die niederländische Kulturpolitik neu ausgerichtet. Sie orientiert sich seitdem an den Zielen Exzellenz und Innovation und wurde wie oben beschrieben auf eine breitere Basis gestellt (Partizipation). Ein Teil des Kulturhaushalts fließt unmittelbar an be-

stimmte Kultureinrichtungen, der andere Teil an insgesamt sechs Kulturfonds, die niederländische Kultureinrichtungen und deren Aktivitäten unterstützen. Die Fonds sind grundsätzlich angehalten, insbesondere neue, erstmals Subventionen beantragende Projekte zu begutachten.
Bei den Fonds handelt es sich um:

- den Nederlands Fonds voor de Podiumskunsten (ein neuer „Superfonds" für Musik, Festivals, Tanz, Tanztheater, Theater),
- den Programmafonds Cultuurparticipatie (für die Bereiche Amateurkunst und Kulturerziehung),
- den Fonds voor de Letteren (Literatur-Fonds),
- die Mondriaanstichting (international agierender Fonds, u. a. für Bildende Kunst),
- den Nederlands Fonds voor de Film Creative Business Services Fund (dieser ist seit der Periode 2013 bis 2016 neu hinzugekommen).

Im Grundsatz liegt hier eine ähnliche Struktur wie bei den deutschen Fonds vor, sie sind allerdings mit wesentlich geringeren Mitteln ausgestattet und haben politisch einen deutlich anderen Auftrag.

5.3.3 Evaluation

Einen Vorteil in Bezug auf die kontinuierliche Evaluation von Institutionen, nicht nur von Projekten, hatte die alte Form der Finanzierung: Alle Institutionen mussten sich alle vier Jahre komplett überprüfen lassen, auch wenn es sich um eine eher subjektive Expertenevaluation handelte. Allerdings führte das bei den Kulturinstitutionen zu einer großen Planungsunsicherheit. Und zu einem großen Zeitaufwand, der jedes Mal für die Evaluation aufgewandt werden musste. Trotz dieser regelmäßigen Überprüfung und der immer neuen Mittelvergabe schienen neue Kulturinitiativen und -projekte bzw. kleine Institutionen wenig Chancen zu haben, in das bestehende Subventionssystem aufgenommen zu werden.

Grundsätzlich ist dies verwunderlich, da das niederländische System theoretisch betrachtet eher dazu geeignet ist, flexibler neue Projekte und Institutionen zu fördern. An diesem Beispiel kann man deutlich ablesen, dass Strukturen nicht nur durch die beschriebenen Prozesse und Regelwerke funktionieren, sondern immer auch durch die Durchsetzungskraft der Personen gekennzeichnet werden. Eine Expertenevaluation beinhaltet immer starke subjektive Aspekte durch die

Erfahrung der Experten und ihren Hintergrund, die Art und Weise, wie ihnen Informationen präsentiert werden und welche weiterführenden Informationen sie erhalten.

5.4 Schweiz

5.4.1 Kulturförderung

Die Schweiz finanziert, wie Deutschland auch, die Kultur nach dem föderalen Prinzip. Grundlage dafür ist der Artikel 69 der Bundesverfassung, der allgemein als „Kulturartikel" bezeichnet wird. Der Kulturartikel sagt aus, dass die Kantone die Hoheit in allen Fragen der Kulturförderung innehaben (Artikel 1), dass der Bund aber bei allen kulturellen Bestrebungen von gesamtschweizerischen Interessen zuständig ist (Artikel 2).

Als übergeordnetes Ziel wird die „Stärkung der kulturellen Vielfalt und der Erhalt einer an Qualität ausgerichteten künstlerischen Produktion" genannt (Pro-Helvetia 2018). Interessant daran ist, dass sich die Schweizer Kulturpolitik als Korrektiv zu den Kräften versteht, die den Kulturmarkt und die Freizeitindustrie bestimmen. Auf Bundesebene ist das Bundesamt für Kultur (BAK) für die Gestaltung der Kulturpolitik zuständig. Auch die Gemeinden fördern kulturelle Aktivitäten, in erster Linie sind sie jedoch Gastgeber zahlreicher und vielfältiger kultureller Angebote (Statistik Schweiz 2022).

Ähnlich wie in Deutschland tragen die Kantone und die Städte und Gemeinden den Löwenanteil an der Kulturfinanzierung: Insgesamt beträgt die öffentliche Kulturförderung 2019 3,019 Mrd. Franken. Die Städte und Gemeinden steuern rund 40 % und damit 1,48 Mrd. Franken (1,4 Mrd. Franken und 47,9 % im Jahr 2015); etwas weniger Mittel kommen von den Kantonen mit ca. 1,2 Mrd. Franken und 40 % (gleichbleibend seit 2015). Nur rund 11 % der öffentlichen Gelder für die Kulturförderung stammen vom Bund mit 336 Mio. Franken (leichte Steigerung seit 2015: 302 Mio. Franken) (Statistik Schweiz 2022). Die öffentliche Hand wendet in der Schweiz insgesamt rund 3,019 Mrd. Franken für die Kulturförderung pro Jahr auf – dabei kann man sehen, dass seit 2010 diese Gesamtausgaben um ca. 15 % gestiegen sind (im Jahr 2010 waren es 2,55 Mrd. Franken, 2015 2,88 Mrd. Franken) (Statistik Schweiz 2022).

Auch in der Schweiz gab es in den Jahren 2020/2021 Corona Soforthilfen für die Kultur in Höhe von rund 560 Mio. Franken.

Exkurs: Stiftung Pro Helvetia

Eine Besonderheit der Schweiz ist, dass die Schweizer Kulturstiftung Pro Helvetia das zeitgenössische Kunstschaffen, den Kulturaustausch und den Dialog zwischen den Kulturen in der Schweiz und im Ausland im Namen des Bundes fördert (Pro Helvetia 2023). Alle vier Jahre spricht das Parlament der Stiftung Pro Helvetia einen Rahmenkredit zu. Für die Periode 2021–2024 hat der Bund 176,8 Mio. Franken (von 137 Mio. Franken in der Periode 2004–2007) zur Verfügung gestellt (ein Jahresbudget in 2022 in Höhe von 44,2 Mio. Franken). Für die Periode 2025–2028 werden 189,5 Mio. Franken in Aussicht gestellt (Pro Helvetia 2023). Vom operativen Budget gehen seit 2010 unverändert ca. 38 % ins Inland und 62 % an Aktivitäten im Ausland. Die Stiftung verzeichnete 2022 rund 5390 Gesuche (2016 bis 2010 waren es noch 3200 Gesuche) jährlich, die bei einer ca. 42-prozentigen Zustimmungsquote liegen.

Die Schweizer Kulturstiftung Pro Helvetia ist eine Stiftung öffentlichen Rechts mit dem Auftrag, kulturelle Bestrebungen von gesamtschweizerischem Interesse zu fördern. Sie wurde 1939 gegründet und wird vollumfänglich vom schweizerischen Bundesstaat finanziert (Pro Helvetia 2023).

5.4.2 Kulturpolitik

In Bezug auf die Kulturpolitik, die Kulturfinanzierung und letzten Endes auch auf das Thema Evaluation befindet sich die Schweiz seit 2012 in einer spannenden Phase. Ende 2009 wurde das Bundesgesetz über die Kulturförderung (Kulturförderungsgesetz, KFG) verabschiedet und trat 2012 in Kraft. Die Hauptziele dieses KFG sind unter anderem: die präzise Abgrenzung der Zuständigkeiten (Bund, Kantone, Gemeinden und Städte), die klare Regelung der Aufgabenteilung zwischen den Bundesstellen und der Stiftung Pro Helvetia, die Festlegung der kulturpolitischen Leitlinien des Bundes, das Erstellen der sogenannten „Kulturbotschaft" (diese soll über eine Periode von jeweils vier Jahren die finanzielle Steuerung der Kulturförderung des Bundes regeln – siehe auch weiter unten), die Erweiterung der Aufgaben des Bundesamtes für Kultur im Bereich der Förderung der musikalischen Bildung sowie der Bewahrung des kulturellen Erbes.

Im Laufe dieses Prozesses wird für je 4 Jahre eine Kulturbotschaft erstellt (Singer 2005; Statistik Schweiz 2022). Die Kulturbotschaft wurde mit dem Ziel ins Leben gerufen, die Kulturförderung mittelfristig anzulegen und damit die finanzielle und inhaltliche Planungssicherheit auf einen vierjährigen Rhythmus zu vergrößern. Beteiligt an der Erstellung der Kulturbotschaft ist eine breite Mischung aus kulturellen und politischen Akteuren: Neben den Regierungen der 26 Kantone wurden 12 politische Parteien, vier gesamtschweizerische Dachverbände der Gemeinden, Städte und Berggebiete, acht gesamtschweizerische Dachverbände der

Wirtschaft (nachfolgend: Wirtschaftsverbände) sowie weitere 145 zumeist in Kultur und Bildungswesen tätige Organisationen begrüßt. Insgesamt wurden 195 Adressaten zur Stellungnahme eingeladen (BAK 2024). Nach einer gemeinsamen Diskussion zwischen Bund und Kantonen wird die Kulturbotschaft dann verabschiedet.

Die Kulturbotschaft kann alle vier Jahre neue Schwerpunkte setzen. Seit dem Jahr 2016 hat der Bundesrat die kulturelle Teilhabe, den gesellschaftlichen Zusammenhalt sowie die Förderung von Kreation und Innovation als zentrale Elemente der Kulturpolitik des Bundes etabliert. Sie haben als langfristige Wirkungsziele auch weiterhin Geltung. In der Botschaft 2025–2028 werden aufgrund der COVID 19 Pandemie weitere Schwerpunkte definiert: Kultur als Arbeitswelt; Aktualisierung der Kulturförderung; Digitale Transformation in derKultur; Kultur als Dimension der Nachhaltigkeit; Kulturerbe als lebendiges Gedächtnis; Governance im Kulturbereich. Zu jedem Handlungsfeld wurden Ziele aus gesamtschweizerischer Perspektive definiert, welche die spezifischen Herausforderungen im betreffenden Bereich adressieren (Kulturbotschaft 2025–2028).

5.4.3 Evaluation

Im Bundesgesetz über die Kulturförderung wird in Bezug auf die Finanzierung und Steuerung in Artikel 30 eine eigene Kulturstatistik beschlossen, die nicht nur die Subventionen der öffentlichen Hand, sondern auch die Beiträge der privaten Geldgeber aufnehmen soll. Weiterhin wird beschlossen, dass der Bund periodisch die Wirksamkeit seiner Kulturpolitik und der getroffenen Fördermaßnahmen überprüft und die Ergebnisse veröffentlicht (Pro Helvetia 2023). Bislang ist daraus die jährlich erscheinende „Taschenstatistik Kultur in der Schweiz" entstanden, die hauptsächlich quantitative Daten zu Kulturbesuchen, Finanzen etc. auswertet und veröffentlicht (Statistik Schweiz 2022).

In der Kulturbotschaft 2016 bis 2020 ist unter dem Punkt 1,2 eine Evaluation der Kulturbotschaft 2012 bis 2015 zu finden (Kulturbotschaft 2016 bis 2020). Dies ist ein enttäuschendes Kapitel mit einer rein deskriptiven Beschreibung einer Reflektion der Kulturbotschaft. Es wird dabei weder etwas zu der Methodologie gesagt, noch zu den Zielen der Evaluation. Diese Form der Reflektion ist zwar schon mehr als es momentan Vergleichbares in Deutschland gibt, dennoch ist diese Evaluation noch entwicklungsfähig und könnte im europäischen Vergleich eine noch größere Vorreiterrolle einnehmen.

Pro Helvetia war eine der ersten europäischen Stiftungen, die eine Handreichung zur Evaluation von Projekten im Kulturbereich herausgegeben hat (Pro Helvetia mit der Konferenz der Schweizer Städte für Kulturfragen, KSK, und der

Konferenz der kantonalen Kulturbeauftragten: 1997; Pro Helvetia und Migros-Genossenschafts-Bund: 2008) und dieses Thema kontinuierlich weiter verfolgt hat. Für 2025–2028 will das Bundesamt das Monitoring für die Kultur in der Schweiz ausbauen anhand geeigneter Kennzahlen. Zusammenfassend gesagt versucht die Schweiz stark die kulturpolitischen und kulturfinanzierenden Kräfte und Interessen zusammenzuführen und das föderale Prinzip zum Vorteil aller auszugestalten.

Bislang scheint die Kulturbotschaft eine positive Entwicklung zu sein, die zu klareren Zuständigkeiten geführt hat und eine stärkere Zusammenarbeit zwischen den Ebenen als Ergebnis hat. Die avisierte Evaluationskultur, die das Kulturförderungsgesetz durch den § 30 versprochen hat, ist indes so noch nicht eingelöst worden.

5.5 Zusammenfassung

Der vertiefte Blick nach Deutschland und in die drei internationalen Beispiele zeigt, dass jedes Land sich dem Thema anders annimmt. Dabei gibt es sicher nicht die eine Lösung, aber jedes Land muss sich seiner kulturpolitischen Ziele bewusst sein. Wie soll die Relation zwischen Bestandssicherung und neuen Initiativen aussehen? Soll die Kulturpolitik eher angebots- oder nachfrageorientiert agieren? Wie partizipativ werden auch übergreifende kulturpolitische Agenden besprochen? Die Beispiele Schweiz und UK zeigen Beispiele für eine größere Partizipation, Uk dazu mit einer stärkeren Nachfrageorientierung mit seinem Programm we create. Empfehlenswert erscheint der Blick in andere Länder immer, zurückkehrend auf sein eigenes Land sollte im Vordergrund stehen, sich mit den eigenen Zielen auseinanderzusetzen und den kulturpolitischen Mut zu haben entsprechend dieser Ziele zu agieren.

Formen der Evaluation 6

Im Folgenden werden einige Formen der Evaluation vorgestellt, die für die Praxis relevant sind. Für alle Formen gilt, dass sie grundsätzlich in den Bereichen der künstlerischen Qualität und der Management/Prozessqualität angewendet werden können.

Im Bereich der künstlerischen Qualität tut sich allerdings eine Schwierigkeit auf: Ist Objektivität bei Evaluationen grundsätzlich schon eine schwierige Herausforderung, so potenziert sich diese Schwierigkeit noch im Hinblick auf die Evaluation von künstlerischer Qualität. Es gibt keine einheitlichen Kriterien, die künstlerische Qualität objektiv messbar machen könnten. Teilbereiche wie die Beherrschung von Technik, Repertoire, Schlüssigkeit und Bedeutung des Bühnenbildes und der Inszenierung helfen zwar, aber das endgültige Urteil, ob die Kunst gut oder schlecht ist, ist objektiv sehr schwer zu fällen. Aus diesen Gründen wehren sich viele Kulturinstitutionen gegen die Evaluation der künstlerischen Qualität. Sie wenden sich jedoch auch dagegen, nur anhand von messbaren Kriterien wie Auslastungszahlen und Zufriedenheit von Besuchern bewertet zu werden. So öffnet sich dort oft eine schwer zu überbrückende Kluft. In den meisten Fällen werden zur Messung künstlerischer Qualität die Mittel der externen Expertenevaluation gewählt (siehe Abschn. 6.2). In Form von Juryentscheidungen werden hier hauptsächlich Expertenbewertungen vorgenommen. In jedem Fall sollte individuell entschieden werden, welche Wirkung wie sichtbar gemacht werden kann.

Wer sind Auftraggeber von Evaluationen?
Grundsätzlich gibt es zwei Möglichkeiten: Zum einen kann es sich um eine Evaluation handeln, die von den Mittelgebenden gewünscht wird und damit auch beauftragt wird. Das führt in einigen Fällen dazu, dass die Evaluation nicht freiwillig

auf Institutionsseite durchgeführt wird. Es besteht daher die Gefahr und das Risiko, dass die Evaluation durch einen eventuellen Verhinderungsdrang auf der Leitungsebene der Institutionen nicht ihre volle positive Wirkung entfalten kann. Ein weiterer Grund für eine solche Verweigerung kann darin liegen, dass mit Evaluationen zum Teil auch Entscheidungen über die Mittelvergabe (siehe Kap. 4) verbunden werden.

Die wesentlich erfolgsversprechendere Auftragssituation liegt vor, wenn die Leitungsebene der Institution selbst die Wirkungsmessung in Auftrag gibt oder unterstützt. Dann kann man davon ausgehen, dass ein echtes Interesse vorliegt, die Ergebnisse der Evaluation zu einer Veränderung und Verbesserung zu nutzen. Durch die Beauftragung durch die Leitung haben externe Evaluatoren gleichzeitig einen starken Partner in der Durchführung.

Warum werden Wirkungsmessungen/Evaluationen im Auftrag gegeben?
Bockhorst (Bockhorst 2008, S. 28) nennt folgende Gründe:

- um die Praxis zu unterstützen und zu verbessern
- um Ausgangsdaten für die Konzeptentwicklung zu erhalten
- um Nutzerinteressen besser zu erkennen
- um herauszufinden, wie Künste wirken
- um überprüfen zu können, welche Wirkungsbehauptungen im Hinblick auf (Schlüssel-)Kompetenzen durch kulturelle Bildung wissenschaftlichen Qualitätsstandards standhalten
- um zu erfahren und zu dokumentieren, ob die Arbeit der Strukturen auch das hält, was diese versprechen
- um Selbststeuerungsprozesse bei Einrichtungen und Organisationen anzuregen

Benjamin und Campbell (2020, S. 197) ergänzen die Beweggründe durch die Leitfragen: „Wie können wir feststellen, ob diese Organisationen etwas bewirken? Welche Arten von Beweisen helfen uns, zwischen effektiveren und weniger effektiven gemeinnützigen Organisationen zu unterscheiden? Können wir besser garantieren, dass diese Organisationen die drängenden Probleme angehen, die wir heute sehen?"

Die dargestellten Rahmenbedingungen machen deutlich, dass es sehr erfahrener und im Kulturbereich kundiger Evaluatoren bedarf, um diese Ziele erfüllen und diese Fragen beantworten zu können. Sollte auch mit externen Evaluatoren zusammengearbeitet werden (siehe Abschn. 6.1), dann ist hier größte Sorgfalt bei der Auswahl geboten.

6.1 Interne und externe Evaluation

Es wird grundsätzlich zwischen einer Eigen- und Fremdevaluation unterschieden. Bei einer Eigenevaluation werden die ausgewählten Instrumente durch die eigenen Mitarbeiter durchgeführt, ausgewertet und analysiert. Bei einer Fremdevaluation werden externe Evaluatoren hinzugezogen.

Der folgende Überblick zeigt die jeweiligen Vor- und Nachteile

	Vorteile	Nachteile
Eigenevaluation	• Die eigenen Mitarbeiter sind mit den Belangen des Unternehmens bestens vertraut	• Den internen Mitarbeitern fehlt der Blick von außen. • Möglichkeiten der Selbsttäuschung sind größer als bei externen Evaluationen. • Es ist schwierig, Schwächen bei den eigenen Kollegen aufzudecken. • Den internen Kollegen kann Kompetenz fehlen
Fremdevaluation	• Hier besteht eine gewisse Neutralität. Ein externer Blick gewährleistete eine andere Wahrnehmung der Strukturen	• Die Externen müssen sich stärker in das Projekt/die Institution eindenken. • Die Kosten sind höher. • Die Abwehrmechanismen innerhalb des Unternehmens können größer sein. • Den externen Evaluatoren kann Kompetenz fehlen

Natürlich ist bei der Entscheidung zwischen intern und extern auch von entscheidender Bedeutung, ob sich in der Institution überhaupt Personal befindet, das die Kompetenz und Kapazität hat, um eine interne Evaluation durchzuführen. Beide Faktoren sind nicht zu unterschätzen bei der Überlegung, welche Form man wählt, denn in vielen Fällen kann es teurer sein, die Evaluation intern durchzuführen – bedenkt man die Zeit und die Anstrengung, die sie kosten, sowie die vielleicht weniger aussagekräftigen Ergebnisse, die man erhält, wenn eine Evaluation von jemandem aus dem eigenen Team übernommen wird. Denkbar und oft praktiziert ist eine Mischung aus den beiden Formen. So kann z. B. ein Evaluator von außen als eine Art Berater hinzugezogen werden, der den Prozess gestaltet. Die Evaluation selbst wird aber von Mitarbeitenden durchgeführt. Diese Form vereint die Vorteile beider Formen. Zu beachten ist bei einer Mischform die erhöhte Kommunikationsdichte.

Exkurs: Der Evaluator von außen
Gerade im Kulturbereich kann es schwierig sein, einen passenden externen Evaluator zu finden. Der Evaluator sollte jemand sein, der sich im Kulturbereich, zumindest aber im Non-Profit-Bereich auskennt. Er sollte im besten Fall in einer Kulturinstitution gearbeitet haben, bevor er zu einem externen Evaluator wurde, und sich mit den spezifischen Gegebenheiten von künstlerischen Projekten und Produkten auskennen. Dennoch sollte er einen klaren Blick auf die Zahlen, die Werte und die Ziele haben. Optimalerweise sollte der Evaluator in der Lage sein, die Ergebnisse und auch die Prozesse, die zu den Ergebnissen führen, gut transportieren und kommunizieren können, damit eine eventuelle Abwehrhaltung gar nicht erst auftreten kann. Evaluationsfirmen zu beauftragen, die komplett aus einem anderen Wirtschaftsbereich kommen, enden oft in unrealistischen und nicht nutzbringenden Kennzahlen und Handlungsempfehlungen.

Checklisten-Evaluator:

- Hat er/sie Erfahrungen im Kulturbereich (Referenzen)?
- Hat er/sie Erfahrungen im Evaluationsbereich (Referenzen)?
- Kann ich eine der Referenzen anrufen, um mir ein persönliches Urteil zu bilden?
- Geht der/die Evaluator beim Ziel- und Auftragsgespräch auf mich ein und versteht er meine Situation?

6.2 Expertenevaluation

Künstlerische Qualität wird sehr oft durch Expertenevaluationen betrachtet (z. B. durch Jurys). Wie bei künstlerischen Wettbewerben auch entscheidet ein Gremium von Experten über Erfolg und Misserfolg (siehe auch Kap. 4). Dies ist grundsätzlich ein subjektives Unterfangen, wenn die Experten sich lediglich auf die künstlerische Qualität beschränken – das bedeutet entweder den Besuch von Aufführungen oder aber das Testen der Qualitäten einzelner Künstler. Wenn es sich um eine Mischung zwischen künstlerischen und nicht-künstlerischen Parametern handelt, die untersucht werden sollen (z. B. nicht nur die Qualität einer Aufführung, sondern auch die Besucherzahlen, die Zufriedenheit, der Kundenservice und die Ticketpreise), dann entsteht sicher eine stärker objektivierbare Aussage über die gesamte Institution.

Nicht nur die Institution begibt sich hier in fremde Hände, auch die Evaluatoren gehen selbst ein gewisses Risiko ein – dadurch, dass sie sich bereit erklären, Kollegen aus dem eigenen Fach zu beurteilen, stellen sie sich der Szene selbst. Dies führt zu einer größeren Angriffsfläche und Verletzlichkeit. Wenn dann die Auftraggebenden (meist die Politik) hinterher ihren Empfehlungen nicht folgen, so machen sie sich in ihrer eigenen Szene unglaubwürdig. Sicher trifft das Risiko, unglaubwürdig zu erscheinen auch die Politik, dennoch setzen die Experten in ihrem eigenen Referenzrahmen meist mehr aufs Spiel.

6.3 Vorab-, formative und summative Evaluation

Bezogen auf zeitlich bedingte Formen, wird zwischen den drei Formen Vorab-Evaluation, der formativen und der summativen Evaluation unterschieden.

Die *Vorab – Evaluation* oder im englischsprachigen Bereich auch „Front-End Evaluation" genannt, untersucht etwas, das noch nicht existiert – es geht darum, neue Konzepte und Strukturen zu evaluieren, bevor sie in der Realität umgesetzt werden. Eine Vorab-Evaluation wird auch verwendet, wenn Ideen und Anregungen zu geplanten Strukturen und Programmen benötigt werden.

Die *formative Evaluation* findet während der Veranstaltung statt, während des Projektes, während eines Prozesses. Sie versucht, alle zu untersuchenden Einzelheiten aufzunehmen, die zur Erreichung der gesetzten Ziele notwendig sind. Die formative Evaluation überprüft dabei auch den fortlaufenden Erfolg gesetzter Zwischenziele und das Umsteuern beim eventuellen Nicht-Erreichen der gesetzten Ziele.

Bei der *summativen Evaluation* handelt es sich im Gegenzug darum, am Ende des Projektes und des Prozesses eine abschließende Evaluation zu tätigen. Dies kann direkt im Anschluss an ein Seminar, eine Veranstaltung oder ein Projekt sein. Es kann aber auch ein Punkt sein, der zeitlich versetzt ist, um im Nachhinein einen Blick auf das gesamte Projekt zu werfen.

Sinnvoll sind meist Mischungen aus den drei Evaluationen, zumindest aus der formativen und der summativen Evaluation.

„Querbeet – Umweltbildung und innovative Flüchtlingsintegration"

Das Projekt „Querbeet – Umweltbildung und innovative Flüchtlingsintegration" am Beispiel des Kleingartenvereins „Deutsche Scholle e. V." wurde von *terres des hommes* (gefördert von der DBU) in den Jahren 2015 bis 2017 durchgeführt. Es handelt sich um ein Projekt, bei dem Familien mit Fluchthintergrund Kleingartengrundstücke zur Bewirtschaftung zur Verfügung gestellt werden. Dadurch soll diesen Familien eine Weiterbildung im Themenbereich Umwelt/Ökologie ermöglicht werden, zum anderen soll durch die Interaktion mit den Kleingartennachbarn die Integration der Familien gefördert werden. Um sichtbar zu machen, in welchem Maße diese Ziele erreicht werden, wurde von Anfang an eine begleitende Evaluation geplant und durchgeführt. Diese wurde in Zusammenarbeit mit der Hochschule Osnabrück entworfen und realisiert. Die Evaluation bestand dabei aus einer prä-, einer formativen und einer summativen Evaluation. So wurden zu Beginn des Projekts Fokusgruppengespräche sowohl mit Kleingärtnern als auch mit den Familien mit Fluchthintergrund geführt.

Beide Gruppen wurden nach ihren Erwartungen, ihren Einschätzungen und ihren Wünschen in Bezug auf das Programm und die gesetzten Ziele befragt. Die Ergebnisse dieser Vorab-Bewertung floss in einen kontinuierlichen Änderungsprozess des Ablaufes ein. Nach ca. einem Jahr wurden mit den gleichen Zielgruppen erneut Fokusgruppengespräche geführt – dieses Mal als formative Evaluation in der Mitte des laufenden Projektes. Dieses Verfahren wurde dann am Ende der Laufzeit des Projektes als summative Evaluation wiederholt. Die Ergebnisse beeinflussten jedes Mal die weitere Ausgestaltung des Projektes und konnten gleichzeitig auch den Outcome aufzeigen – unter anderem die Entwicklung des Wissens über Unfallbeseitigung, ökologische Landwirtschaft etc. ◄

> **Mischung aus formativer und summativer Evaluation –**
> **Zwischenevaluation der Thüringer Agentur für die Kreativwirtschaft (THAK)**
>
> Die Thüringer Agentur für die Kreativwirtschaft unterzog sich im Jahr 2017/2018 einer Zwischenevaluation. In der Mitte der Laufzeit des institutionellen Projektes sollte herausgefunden werden, inwiefern die Ziele der THAK erreicht wurden und welche Änderungswünsche oder Verbesserungen von der Zielgruppe genannt wurden. Dazu wurde ein Multi-Method-Ansatz gewählt. Es gab sowohl eine Online-Befragung der Teilnehmenden von sechs ausgewählten Veranstaltungen als auch von interessierten (Newsletter-Abonnenten), aber nicht teilnehmenden Personen. Weiterhin wurden in einer zweiten Stufe mit den Zielgruppen der Kreativwirtschaftsunternehmen und Unternehmen anderer Wirtschaftsunternehmen Fokusgruppengespräche geführt. In einer dritten Stufe wurden dann noch einmal 15 Expertengespräche geführt, um eine externe Sicht zu ermöglichen. Untersucht wurden dabei anhand der bereits erarbeiteten Indikatoren die bereits beim Start des Projektes gesetzten Ziele. Da die quantitativen Zahlen bereits durch ein Reporting vorlagen, konzentrierte sich die Zwischenbewertung auf die qualitativen Aussagen und Daten. So wurden in den Online-Befragungen unter anderem auch Adjektive abgefragt, die mit der THAK verbunden wurden. So konnten Wortwolken kreiert werden, die die Eigen- und Fremdwahrnehmung widerspiegelten. ◄

6.4 Impact Value Chain Modell

Grundsätzlich unterscheidet man bei einer Evaluation folgende Ebenen dessen, was man beurteilen/evaluieren möchte:

6.4 Impact Value Chain Modell

Input – Aufwand/Einsatz
Mit dem Input sind all die Dinge gemeint, die man in die Realisierung eines Projektes, eines Prozesses hineinsteckt. Dazu gehören Sachmittel (Arbeitsmaterial) ebenso wie Zeit (Personal), Kompetenzen, Räume, Leistungen von Dritten, Intensität oder Kosten wie Miete und Versicherung etc.

Bei einer inputorientierten Evaluation begutachtet man, ob man das Ziel des vorher gesetzten Aufwandes erreicht hat – beispielsweise, ob man mit den geplanten Zeitressourcen ausgekommen ist.

Output – direkte Ergebnisse
Dabei geht es um den Ertrag, die direkten Ergebnisse der Veranstaltung, der Veröffentlichung etc. Meist handelt es sich um ein quantitativ messbares Ergebnis. Das können Umsatzzahlen sein, Gewinnzahlen, Teilnehmendenzahlen, Besucherzahlen, verkaufte Exemplare, verkaufte Tickets etc. Letztendlich alles das, was angefasst werden kann, was man zählen kann, was an quantitativ messbaren Werten durch das Projekt/den Prozess erreicht wurde und was man direkt auf das Projekt beziehen kann. Seltener handelt es sich hier um qualitative Ergebnisse, zum Beispiel wenn Menschen vor und nach einer Veranstaltung gefragt werden, ob sich ihr Wissensstand verändert hat oder ob das Thema sie bewegt hat. Aber auch das sind Outputs, die eben direkt erfassbar sind. Auch hier wird evaluiert, in welcher Hinsicht die im Vorhinein gesetzten Ziele in Bezug auf die Ergebnisse erreicht wurden – zum Beispiel ob man die vorher geplante Anzahl der Kostüme fertiggestellt hat. Beim Output geht es um die direkt sichtbaren Ergebnisse – ob diese Ergebnisse mittelfristig haltbar sind oder sogar weitere Veränderungen nach sich ziehen, kann der Output nicht bemessen.

Outcome – mittelfristige Veränderung
Der Outcome beschreibt die mittelfristig sichtbaren Ergebnisse. Es geht um die Veränderungen, die erst mit der Zeit passieren. Auch hier gibt es mehrere Ebenen, die betrachtet werden können: zum einen die künstlerische Ebene, zum anderen aber auch die Ebene der Besucher in Bezug auf Veränderungen. Mit dem Outcome beginnt auch die Sichtbarmachung einer Wirkung. Diese Wirkung kann durch klar gesetzte Ziele und deren Erreichung messbar gemacht werden. Allerdings können gerade die Messung von Wirkungen und damit auch die Qualitäten im pädagogischen und vor allem im künstlerischen Bereich sehr subjektiv sein.

Bei Seminaren ist es üblich, die Teilnehmenden auch über die Qualität des Trainers/Lehrers urteilen zu lassen. Das Ziel solcher Seminare ist aber auch immer ein Mehrwert für die Teilnehmenden in Bezug auf Themen, Kenntnisse, Kompetenzen etc. Bei kulturellen Aufführungen wird der Besucher in Befragungen selten bis nie danach gefragt, wie er die Qualität der Künstler beurteilt (Schauspieler, Sänger etc). Warum ist das so?

Das Ziel eines Besuches einer Kulturproduktion ist nicht so klar umrissen wie beispielsweise der Besuch eines Seminars. Die Erwartungen werden bei den Besuchern nicht wie bei Seminaren üblich vorher abgefragt, und die Erfüllung der Erwartungen dementsprechend auch nicht. Eine Bewertung künstlerischer Qualität von Laien (die die Besucher am häufigsten sind) wird oft als Anmaßung angesehen. Das Ziel der Kulturproduzenten ist ebenso wenig klar definierbar wie das der Besucher. Während Trainer, Lehrer, Professoren ein klares umrissenes Ziel in Form von Lehrplänen, Seminarbeschreibungen etc. haben, gibt es etwas Vergleichbares bei Regisseuren, Dirigenten etc. nicht.

Die Frage entsteht, ob es überhaupt notwendig ist, die künstlerische Qualität zu bewerten, oder ob es nicht eher darum geht, eine Wirkung festzustellen: In Form einer Veränderung von Bewusstsein oder von Einstellungen/Meinungen, einer Auseinandersetzung mit Thematiken, eines Gewinns neuer Standpunkte, eines Sichtbarmachens neuer Perspektiven. So kann der Outcome mit der Qualität der künstlerischen Prozesse in Verbindung gebracht werden, ohne dass sie direkt zu messen ist.

Zeitlich gesehen bezieht sich der Outcome immer auf eine mittelfristige Perspektive nach der Veranstaltung, dem Projekt, der Aufführung. Das bedeutet, dass der Outcome nur dann sichtbar gemacht werden kann, wenn es ein Evaluationsdesign gibt, das Besucher/Teilnehmer/Kunden in zeitlichem Abstand zu dem Ereignis befragt. In Kap. 7 wird anhand von Beispielen für Kennzahlen und Indikatoren aufgeführt, wie man den Outcome eines bestimmten Ereignisses messbar machen kann.

Impact – langfristige Wirkung

Am schwierigsten gestaltet sich die Messbarkeit von langfristigen, nachhaltigen Wirkungen, dem Impact. Gleichzeitig ist das in der heutigen Zeit fast das attraktivste Attribut, das man sich vorstellen kann. Jeder will etwas Nachhaltiges schaffen, das nicht nur dem Einzelnen, sondern der Gesellschaft insgesamt nutzt. Gleichzusetzen ist der Impact mit gesellschaftlichen Veränderungen, Veränderungen eines Systems. Dieses festzustellen ist nur mit einer Langzeitstudie möglich. Teilnehmende eines Programms werden entweder über Jahre begleitet oder aber nach Jahren befragt. Die langfristige Wirkung ist ein Ergebnis, das voraussetzt, dass das Programm, um das es geht, auch wirklich über Jahre besteht und finanziert wird, in gleichem Maße durchgeführt wird und damit auch belastbare Ergebnisse erreicht werden können. Wichtig ist es festzuhalten, dass der Impact nicht nur durch das beobachtete Projekt entsteht. Die langfristigen Veränderungen von Systemen sind immer einer Vielzahl von Faktoren geschuldet. Das eine Projekt/die eine Aufführung sind ein Teil der Veränderung, aber nie die ganze Veränderung. Dementsprechend ist es wichtig miteinzubeziehen, dass ein Impact nicht nur einer Institution zuzuschreiben ist, sondern dass immer die Faktoren mitbetrachtet werden müssen, die auch ohne das eigene Projekt eingetreten wären.

> **Kompetenzzentrum des Bundes für Kultur – und Kreativwirtschaft**
>
> Das Kompetenzzentrum des Bundes für Kultur und Kreativwirtschaft hat in den Jahren 2019–2022 einen aufeinander aufbauenden Wirkungsbericht entwickelt, der einer Langzeitstudie gleich kommt. Der Prozess beinhaltete das Aufstellen einer Wirkungslogik, von Zielen, Indikatoren, Kennzahlen. Die zu messenden outputs und outcomes reichten von Wissensvermittlung über Wissensverbreiterung hin zu Veränderung von Haltungen und Verhalten. Dies wurde durch eine Mischung von Instrumenten erreicht. Es wurden Vorher/Nachher Befragungen bei Veranstaltungen durchgeführt, Fragebögen einige Zeit nach dem Besuch versandt und ein kontinuierliches Monitoring wurde eingeführt. Diese Daten wurden über 4 Jahre gesammelt und in den Wirkungsberichten in Relation zueinander gesetzt. So kann der Teil des impacts gezeigt werden, den das Kompetenzzentrum des Bundes sichtbar machen kann. Gerade die Vorher/Nachher Befragungen waren eine gelungene Datensammlung, die zu vergleichbaren Ergebnissen geführt hat. (Disruptiv war 2020/2021 die Pandemie, die Live Veranstaltungen nicht möglich machte und das Verhalten der Besucher grundsätzlich verändert hat.) ◄

Man kann eine gewisse kritische Haltung der Kulturinstitution gegenüber dem Input und dem Output beobachten, da oftmals das Argument benutzt wird, dass Kunst und Kultur nicht durch reine Zahlen bemessen werden können. Schon Baumol und Bowen haben in den 1960er-Jahren (Baumol und Bowen 1965) die sogenannte „income gap" bzw. „cost desease" bei Kulturinstitutionen festgestellt. Diese besagt, dass bei Kulturproduktionen meist keine Produktivitätssteigerung möglich ist wie etwa bei vielen Industriegütern – eine Symphonie muss nach wie vor in einer bestimmten Zeit und mit einer bestimmten Anzahl von Musikern aufgeführt werden. Das bedeutet, dass bei steigenden Löhnen und Gehältern und mehr oder minder gleichbleibenden Einnahmen immer eine Lücke zwischen den Kosten und den Einnahmen entsteht, die Höhe der Lücke variiert natürlich je nach Genre und Aufwand.

Outcome und Impact sind also oftmals wichtigere Aspekte für Kulturinstitutionen, diese sind allerdings schwerer messbar bzw. bedürfen eines strategischen Evaluationsdesigns und dem Willen der Institution, diese Veränderungen auch sichtbar machen zu wollen und nicht nur anzunehmen.

Erkenntnisgewinn bei Projektevaluation und bei der Evaluation von Institutionen
Die Evaluation von Projekten ist inzwischen sehr üblich. Gerade in der Kultur sind fast alle Projekte von der Finanzierung durch Fremdmittel abhängig. Diese Drittmittelgeber verlangen wiederum die Durchführung von Evaluationen. Die Art und Weise der Evaluationen kann allerdings sehr stark variieren.

Grundsätzlich werden Projektevaluationen in einem Einzelmodus durchgeführt – sie stehen selten mit kontinuierlichen und/oder langfristigen Veränderungen in Zusammenhang. Das ist schade, da die Projektmacher aus den Evaluationen lernen können und für kommende Projekte sich selbst und ihre Kompetenzen und Fähigkeiten verbessern können. Meist nehmen sich gerade im Kulturbereich die Projektleiter und Teammitglieder gar nicht die Zeit, den Abschluss eines Projektes zum einen genau zu dokumentieren, zum anderen aber auch intensiv zu reflektieren. Dies führt dazu, dass durch den fehlenden Reflexionsprozess Fehler und Schwächen in der Organisation, der Durchführung und der Planung weder aufgedeckt werden, noch für kommende Projekte verändert werden können.

Evaluationen in Institutionen unterscheiden sich grundsätzlich von Evaluationen in Projekten, da hier neben direkten Erfolgsfaktoren wie der Mittelverwendung, der Kosten-/Nutzenstruktur, dem Pressespiegel etc. auch indirekte Erfolgsfaktoren abgefragt werden. Diese indirekten Erfolgsfaktoren umfassen Prozesse, die den Managementablauf innerhalb der Institution betreffen. Dabei kann es sich ebenso um die Mitarbeiterzufriedenheit handeln wie um die Aufstellung einer Marketingstrategie oder um die Personalentwicklung etc. Gefragt sind alle Prozesse, die für den Erfolg und die Weiterentwicklung der Institution wichtig sind.

Ludwigshafener Wirkungsmodell

„Das Ludwigshafener Wirkungsmodell für öffentliche Kulturbetriebe ermöglicht eine Systematik zur Steuerung der Organisation, eine Evaluierung der erzielten Wirkung und ist darüber hinaus ein Kommunikationsinstrument." (Fehlmann 2021, S. 2) Entwickelt wurde das Modell vom Intendanten der Deutschen

6.4 Impact Value Chain Modell

Staatsphilharmonie Rheinland-Pfalz Beat Fehlmann. Es basiert auf einem Modell, dass zusammen mit der Universität St. Gallen entwickelt wurde. Dieses stützte sich hautpsächlich auf das Prinzip der Balanced Score Card. Es fokussierte sich auf die fünf Bereiche Finanzen, Entwicklung, Prozess, Kunden und Kunst. 2019 entwickelte Fehlmann dass dann weiter auf die neun Bereiche: Finanzen, Mitarbeitende, Verantwortung, Entwicklung, Kommunikation, Qualität, Form, Inhalt, Gesellschaft. Diese neun Bereiche wurden dann mit je einem Begriff aus der Vision des Orchesters belegt. So wurde z. B. für den Bereich Finanzen der Begriff Vertrauen gesetzt und für den Bereich Gesellschaft Zusammenhalt. Für jeden der neun Bereiche wurden dann gemeinsam mit den Mitarbeitenden je zwei Wirkziele erarbeitet. So war ein Ziel im Bereich Mitarbeitende z. B. Eigeninitiative fördern oder im Bereich Form Musik setzt sich hörbar in Beziehung zur Gesellschaft. Diese Ziele wurden dann mit Indikatoren belegt, sodass hier ein messbares System entstand. Fehlmann sagt dazu: „Das Ludwigshafener Wirkungsmodell kann als Steuerungsinstrument sicherstellen, dass die multiperspektivische Sichtweise nicht verloren geht und gleichzeitig der enge Bezug zu den inhaltlichen Zielsetzungen garantiert werden kann. Dies ermöglicht eine Reduktion der Komplexität ohne die Gefahr einer einseitigen Vereinfachung." (Fehlmann 2021, S. 10) (Abb. 6.1) ◄

Viele Instrumente und Formen können in Projekten und in Institutionen genutzt werden. Wichtig zu erkennen ist, dass eine Evaluation in einer Institution immer eher einen Impact-Charakter hat, langfristige Veränderungen bewegen will und die Organisation stärker in die Richtung einer lernenden Organisation bringen möchte.

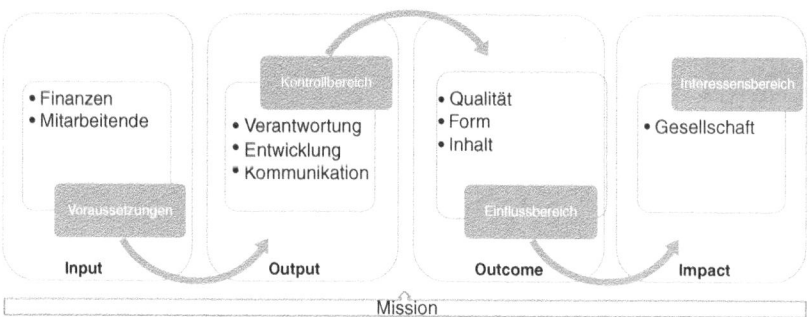

Abb. 6.1 Neun Bereiche umgesetzt auf das I-O-O-I Modell. (Fehlmann 2021)

6.5 Wirkungsmessung

Geförderte Projekte und Institutionen werden in Zeiten knapper Mittel aufgerufen, ihre Wirksamkeit aufzuzeigen. Wo beginnt Wirkung eigentlich, ist dabei vielleicht die erste Frage, die gestellt werden muss. Welche Ebene der Wirkung kann eine einzelne Institution aufzeigen und ab welcher Ebene handelt es sich um eine gesamtgesellschaftliche oder teilgesellschaftliche Wirkung? Das Analyse- und Beratungshaus Phineo gibt Aufschluss darüber, wo Wirkung anfängt. Angelehnt an die Begriffe Output/Outcome/Impact zeigt die Wirkungstreppe, dass Wirkung dort anfängt, wo es um Veränderungen geht, die über das bloße Erleben hinausgehen (siehe Abb. 6.2).

Das bedeutet eben auch, dass der bloße Besuch einer Kulturveranstaltung auf einfach reines Konsumieren herauslaufen kann, ohne dass eine Auseinandersetzung mit den künstlerischen Inhalten passiert wäre. Die reinen quantitativen Messungen der Anzahl der Besucher sind dementsprechend nicht ausreichend, um Wirkung sichtbar zu machen.

Die Ebene des Impacts jedoch macht klar, dass es sich hier um eine gesellschaftliche Änderung handelt, die eine Institution alleine nicht schaffen kann. Hier wird eine Änderung beschrieben, die aufgrund von vielen solitären Ereignissen und Beziehungen entsteht. Diese zusammengenommen ergeben am Ende die Veränderung bzw. den Impact.

Abb. 6.2 Wirkungstreppe. (Quelle: Kursbuch Wirkung 2018)

6.5 Wirkungsmessung

Der Outcome kann also von einer einzelnen Institution durch eine Untersuchung bemessen werden, die mittelfristig angelegt ist und eine Vorher-/Nachher-Betrachtung miteinbezieht. Der Impact jedoch kann nur institutionsübergreifend durch eine langfristig angelegte Untersuchung beschrieben und bewiesen werden.

LOG Frame

Ein einfaches, aber sehr effizientes Instrument, um dieses komplexe System zu beschreiben, ist die sogenannte Logical Framework Matrix – auch Log Frame genannt. Entwickelt wurde das Instrument in den 1960er-Jahren in der Entwicklungszusammenarbeit mit USAID, um deren Wirksamkeit zu beschreiben (Stiftung ZEWO 2018).

Die Logical Framework Matrix besteht meist aus vier Spalten und vier Zeilen, die die Wirksamkeit eines Projektes/eines Programmes beschreiben. Die Europäische Kommission benutzt die Logical Framework Matrix als Teil ihres Bewerbungsprozederes für Förderanträge (EU 2018). Diesem Beispiel sind viele internationale Stiftungen und Geldgeber gefolgt.

Impact	Indikatoren	Quelle der Daten	Annahmen/Bemerkungen
Outcome	Indikatoren	Quelle der Daten	Annahmen/Bemerkungen
Output	Indikatoren	Quelle der Daten	Annahmen/Bemerkungen
Aktivitäten	Indikatoren	Quelle der Daten	Annahmen/Bemerkungen

Quelle: eigene Darstellung nach EU 2018

Die Logical Framework Matrix kann beispielsweise wie folgt aussehen. Hierbei geht es um das Ziel, Kreativwirtschaftsunternehmen mit Unternehmen anderer Branchen zusammenzubringen.

Interventionslogik	Objektiv nachvollziehbare Indikatoren	Quellen der Nachweisbarkeit	Annahmen und Risiken
Es soll eine stärkere Vernetzung zwischen der Kreativwirtschaft und den Unternehmen anderer Branchen realisiert werden	Generell höhere Wertschätzung der Branche	Langfristige Veränderung – ist nur durch eine langfristige Untersuchung nachzuweisen	
Outcome – indirekte mittelfristige Ergebnisse			Funktionierendes Monitoring/ Evaluationskonzept
Für beide Aktivitäten: Höhere Sichtbarkeit der Kreativwirtschaft bei anderen Wirtschaftsunternehmen Aufzeigen von realen Beispielen Gewinnen von mehr Unternehmen anderer Branchen als Besucher Kreieren von mehr Markt für die Kreativwirtschaft	Anzahl Vorstellungen der Best Practice-Projekte auf fremden Branchenveranstaltungen (Ziel 2018: 20) Anzahl von Interessenten, die ähnliches versuchen wollen (Ziel 2018: 25) Anzahl von zustande gekommenen Aufträgen (Ziel 2018: 10)	Einfaches Auflisten der Vorstellungen Zählen der Kontakte Abfragen bei Kreativen	
Output – direkte Ergebnisse			
Aktivität 1: Zusammenbringen von möglichst vielen	Aktivität 1: Anzahl der Unternehmen	Abfrage bei der Anmeldung	

6.5 Wirkungsmessung

Unternehmen der Kreativwirtschaft und anderer Branchen	anderer Branchen, die den Kreativwirtschaftstag besuchen (Ziel 2018: 250) Anzahl der Neubesucher von Unternehmen anderer Branchen (Ziel 2018: 150) Anzahl von hergestellten Kontakten aus der Aktivität (Ziel 2018: 700)	Abfrage bei der Anmeldung Abfrage nach der Veranstaltung	
Aktivität 2: Aufzeigen von Good-Practice-Beispielen der Zusammenarbeit von Kreativwirtschaft und anderen Branchen	Aktivität 2: Anzahl der akquirierten Good-Practice-Projekte (Ziel 2018: 5) Art und Anzahl der Kommunikation (Ziel 2018: www, YouTube, Podcast)	Zählen der Projekte Zählen der Berichte und der Clicks	
Aktivität 1: Kreativwirtschaftstag Aktivität 2: Good Practice von Zusammenarbeit zwischen der Kreativwirtschaft und anderen Branchen aufzeigen	Aktivität 1: Personal, Raum, Kommunikation etc. Aktivität 2: Partner, Kommunikation, Personal etc.	Aktivität 1: siehe Budget Aktivität 2: siehe Budget	

6.6 SROI

Ein weiteres Instrument, das in den letzten Jahren immer stärker aus dem sozialen Bereich in den kulturellen Bereich übergreift ist der sogenannte social return on investment. Auf Basis des return on investment, der im betriebswirtschaftlichen Sinne die Rentabilität einer Investition beschreibt, wurde der SROI Ende der 1990er-Jahre in den USA vom Roberts Enterprise Development Fund (REDF) entwickelt (Reichelt 2009, S. 11 ff.; Kehl et al. 2012, S. 314 ff.). Hier wurde ein Modell entwickelt, das es möglich macht die Wirkungen von sozialen Dienstleistungen mess-, quantifizier- und monetarisierbar zu machen. Weiterentwickelt wurde das Modell von der new economics foundation (nef) mit einem speziellen Bezug zur Praktikabilität.

Das Modell der nef sieht wie folgt aus (nef 2018):

Grundsätzlich wird wie schon beschrieben eine Impact chain oder eine logical framework Matrix aufgestellt. Als nächster Schritt wird versucht, die Wirkungen, die entstehen, zu monetarisieren. Sodass am Ende ein Wert entsteht, der verdeutlicht, wie der investierte Betrag von öffentlichen/privaten Investoren/Förderern in Relation steht zu dem Betrag, den die Gesellschaft durch das Projekt zurückerhalten hat. An einem Jugendhilfeprojekt kann der komplexe Prozess einfach erklärt werden. Wenn wir ein Jugendprojekt haben, das straffällige Jugendliche durch eine Weiterbildung wieder in den ersten Arbeitsmarkt bringt, so stehen auf der einen Seite die Kosten, die für das Projekt entstehen und auf der anderen Seite die Kosten, die gespart werden durch das Projekt (kurzfristig die Kosten, die anfallen, wenn der Jugendliche wieder straffällig werden würde (Polizei, Haft, etc.), mittelfristig die Kosten, die anfallen würden, wenn der Jugendliche weiter Sozialhilfe erhalten würde und die Steuern, die der Jugendliche durch einen Job dem Staat zurückzahlt, langfristig die Kosten die dem Staat erspart bleiben, dadurch dass ein Jugendlicher nicht rückfällig wird und langfristig in das soziale Netz einzahlt, statt es zu nutzen). Wenn diese Zahlen in Relation zu einander gesetzt werden, erhält man eine Ratio die besagt, wie viel Euro für einen Euro investiertes Geld in die Gesellschaft zurückfließen. Wer ein solches Beispiel berechnet sehen möchte, findet das in dem Kapitel der kommentierten Handbücher im Guide to Social Return on Investment.

Der SROI ist ein spannendes Instrument, das viel Potenzial aufweist. Wichtig hierbei ist, dass die monetäre Aussage am Ende nicht die alleinige Aussage sein kann, um die Qualität des Projektes oder der Arbeit einer Institution zu betrachten. Dies muss immer in Verbindung mit einem qualitativen Bericht geschehen. Wenn die Berichte gut genutzt werden, können sie eine Grundlage für Entscheidungen

6.6 SROI

Abb. 6.3 Vorgehen SROI Balu und Du. (Balu und Du 2014, S. 19)

sein. Zu diskutieren und in jedem Falle individuell zu analysieren bleibt, inwieweit die Daten, die erhoben werden können so valide sind, dass der Raum für Annahmen und Schätzungen minimiert werden kann. Dazu muss neben der eigenen Datensammlung auch eine gute statistische Datenlage vorhanden sein, um einen SROI verlässlich berechnen zu können.

> **Beispiel: (Brandeins 2014; SROI Balu und Du 2014)**
>
> Im Jahr 2014 wurde für das Projekt „Big Sister Big Brother Deutschland" und das Projekt „Balu und Du" eine SROI-Studie angefertigt. Das Ergebnis dieser Berichte führte dazu, dass die hauptsächlich fördernde Stiftung ihre Finanzierung des Projektes „Big Sisters Big Brothers Deutschland" entzog und die Gelder an das Konkurrenzprojekt „Balu und Du" gab. Ausschlaggebend dabei war die Relation des investierten Geldes zu den erzielten Wirkungen, die durch die SROI-Studie monetarisiert wurden. Dies führte zu intensiven Diskussionen in der Szene. siehe Abb. 6.3 ◄

CROI

Fraglich ist natürlich, inwiefern der SROI auch für kulturelle Projekte und Institutionen nutzbar ist. Gibt es so etwas wie einen Creative Return on Investment? Dies ist abhängig von den Projekten und Institutionen, die betrachtet werden. Vor allem in den Bereichen der kulturellen Bildung, die eine Schnittstelle zu Jugendhilfeprojekten aufweisen, kann der CROI hilfreich sein, beispielsweise Hip-Hop-Projekte, die neben künstlerischen Zielen auch soziale Ziele haben (berufliche Perspektiven aufzeigen, Schulabbrecherquoten verringern etc.) oder auch kulturelle Bildungsprojekte, die sich für das Lesen stark machen und damit gegen Leseschwäche oder Analphabetismus vorgehen. Bei Kulturveranstaltungen ist der CROI schwer einsetzbar und sollte dementsprechend nicht genutzt werden. Die Forschung ist, was diesen Punkt betrifft, noch nicht sehr weit gediehen.

Wichtig festzuhalten ist, dass die ROI – Konzepte im Sinne der hier genutzten Definition – nur bedingt als lernende Evaluationen zu verstehen sind. Es geht hier stärker darum, investiertes Geld und zurückfließendes Kapital zueinander in Beziehung zu setzen. Aus der Rechenlogik heraus, mit der der SROI und der CROI errechnet werden, kann die Institution auf jeden Fall über ihr Projekt und ihre politischen und gesellschaftlichen Auswirkungen viel lernen. Allerdings geht es hier eher um ein Verständnis für bestimmte Denkweisen und nicht ausschließlich um Lernprozesse, die das Projekt/die Institution verbessern sollen.

6.7 CIPP Modell

Das CIPP Modell steht für die Begriffe Context, Input, Process und Product. Es wurde von Daniel Stufflebeam (Stufflebeam/Zhang 2017) entwickelt und berücksichtigt, dass ein Projekt/Programm unter unterschiedlichen Umständen durchgeführt werden kann (Kontext). Damit sind die Voraussetzungen gemeint, unter denen ein Kulturprojekt/ein Kulturprogramm durchgeführt wird. In engem Zusammenhang stehen hierbei die gesetzten Ziele. Der Input, der betrachtet wird, ist ähnlich zur Impact Value Chain zu sehen. Ein stärkerer Fokus wird in diesem Modell auf den Prozess gelegt, bevor dann die outcomes als Produktevaluation betrachtet werden. Die Prozessevaluation wird dabei formativ durchgeführt und betrachtet kontinuierlich die Aktivitäten des Programmes. Fördernde und hemmende Aspekte können so im Laufe des Projektes gesehen und geändert werden. Die Produktevaluation ist dann eine summative Evaluation, die die Ergebnisse des Projektes betrachtet und intendierte sowie nicht intendierte Wirkungen sichtbar macht (Abb. 6.4).

Beispiel Theatermittler

In seiner Doktorarbeit führt Johannes Maria Gerlitz eine CIPP Evaluation anhand des Theatermittler Programms durch. Von Theatermittler Program-

6.7 CIPP Modell

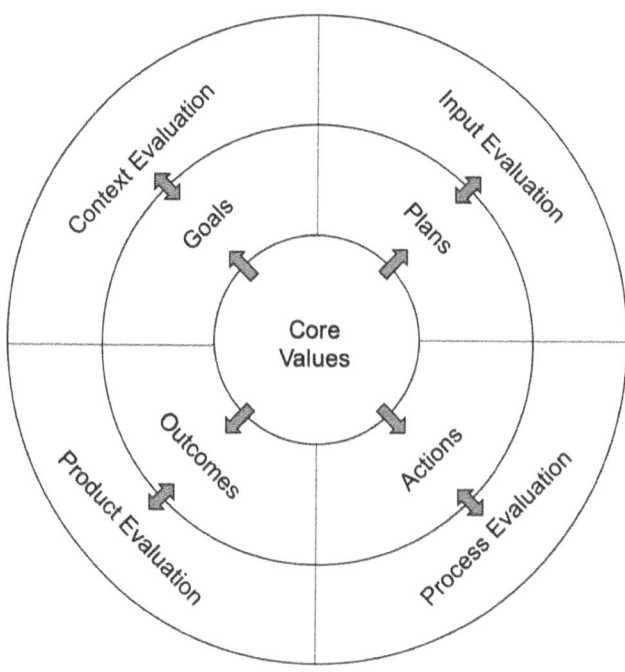

Abb. 6.4 CIPP Modell. (Stufflebeam 2015, S. 1)

men spricht man in seiner Definition, wenn Stamm-Besuchende der Institution als Botschafter oder Lotsen genutzt werden, um verschiedene Reputations- und Inhaltsziele der jeweiligen Institution zu verfolgen (z. B. Meinungspluralismus fördern oder Anzahl studentischer Besucher*innen erhöhen.) Er untersuchte in der Spielzeit 2020/2021 Projekte an 4 öffentlich getragenen Theatern in Deutschland, Österreich und der deutschsprachigen Schweiz, die als Umsetzungsformen des Theatermittler-Programms gezählt werden können. Diese untersuchte er anhand des CIPP Modells und zeigt so, dass Evaluationsmodelle auch auf einer Metaebene genutzt werden können, in dem sie viele Programme in Bezug auf ausgewählte Ziele hin untersuchen. (Gerlitz 2023) ◄

6.8 Voraussetzungen für eine funktionierende Evaluation

Um eine Evaluation in einer Institution oder bei einem Projekt erfolgreich durchzuführen, gibt es verschiedene Voraussetzungen, die allesamt unentbehrlich sind. Dazu gehört der Wille der Institution, die Evaluation wirklich offen und transparent durchzuführen. Grundsätzlich gilt, wie bei jeder Datensammlung, dass man die Ergebnisse tendenziell immer in eine gewünschte Richtung beeinflussen kann. In dem Falle ist das Ergebnis der Evaluation dann aber nicht mehr für die Institution verwertbar, wenn sie sich selbst als lernende Organisation durch die Evaluation verändern und verbessern möchte.

Letztendlich betrifft die Evaluation die gesamte Organisation. Daher muss auch die gesamte Organisation hinter der Untersuchung stehen, über sie informiert und im Prozess mitgenommen werden. Daraus ergeben sich folgende Ebenen:

1. Führungsebene – Unterstützung und Wille, transparent zu kommunizieren
2. Mitarbeitende – Verständnis und Wille, transparent zu kommunizieren
3. Kommunikation durch das Evaluationsteam – stetige sinnvolle Kommunikation über den Prozess und Wille, den Evaluationsverlauf offenzulegen.

Die Aktivierung dieser drei Ebenen ist nicht nur unumgänglich, um eine Evaluation erfolgreich durchzuführen, sondern noch viel mehr, wenn es darum geht, die Ergebnisse in Handlungsempfehlungen umzusetzen und diese Empfehlungen in der alltäglichen Arbeit zu implementieren.

1. Führungsebene
Der Rückhalt aus der Führungsebene für eine Evaluation ist unabdingbar. Wenn es diese Unterstützung nicht gibt, ist die Wahrscheinlichkeit, dass die Evaluation erfolgreich durchgeführt wird, sehr gering. Selbst wenn die Durchführung funktioniert, werden die Ergebnisse zumeist in der Schublade verschwinden und es werden keine weiteren Anstrengungen unternommen, um die Ergebnisse umzusetzen. Der Einsatz von Ressourcen ist verschwendet, die Motivation des Evaluationsteams, aber auch der restlichen Mitarbeiter ist auf dem Nullpunkt, die Frustration über den Prozess greifbar.

Daher gilt es für die Führungsebene, klare Entscheidungen zu treffen. Wenn sie gegen die Evaluation ist, sollte eine solche gar nicht erst durchgeführt werden. Wenn sie sich aber dazu entschließt, die Evaluation für gut zu heißen, dann sind Transparenz und der Wille, auch Schwächen und fehlende Kompetenzen/Prozesse aufzuzeigen, notwendig. Um eine Evaluation in einer Institution auf allen Ebenen

6.8 Voraussetzungen für eine funktionierende Evaluation

durchsetzen zu können, ist die gelebte Umsetzung durch Führungspersonen überaus wichtig. Das beinhaltet, dass die Führungsebene dazu fähig ist, Fehler zugeben zu können und Optimierungspotenziale zuzulassen. Es bedeutet aber auch, Verbesserungsprozesse zu initiieren, zu unterstützen und durchzuhalten. Und es bedeutet Erfolge zu feiern und Wertschätzung dafür offen auszusprechen.

Checkliste Führungsqualitäten:

- Zulassen von Veränderungen
- Zugeben von Schwächen und Fehlern
- Transparenz über Prozesse und Ergebnisse
- Vorleben des Willens zur Evaluation
- Feiern von Erfolgen/Aussprechen von Wertschätzung

2. Mitarbeitende
Die Bereitschaft der Mitarbeitenden steigt, wenn sie den Sinn und Zweck der Evaluation erkennen. Dies wird einerseits durch die Unterstützung der Führungsebene deutlich, andererseits durch die Kommunikation des Evaluationsteams in Bezug auf die Ziele und die Ergebnisse der Evaluation. Den Willen, Schwächen zuzugeben und Verbesserungsoptionen zuzulassen, wird es nur geben, wenn dieser Wille von der Führungsebene vorgelebt und belohnt wird. In einer Kultur, in der Fehler bestraft werden und Lücken als negativ angesehen werden, wird niemand freiwillig eine solche Lücke definieren, wenn sie in seinem Verantwortungsbereich liegt. Damit wird das Prinzip der lernenden Organisation allerdings ad absurdum geführt.

3. Kommunikation durch das Evaluationsteam
Die Kommunikation vor, während und nach der Evaluation ist ein enorm wichtiger Prozess, der neben der Qualität der Untersuchung selbst einen Erfolgsfaktor für die Durchführung einer Evaluation ausmacht.

Kommunikation vor der Evaluation
Diese dient dazu, die Ziele und Zielgruppen der Untersuchung allen Beteiligten deutlich zu machen – Was soll erreicht werden? Wer sind die untersuchten Gruppen? Und für wen sind die erwarteten Ergebnisse wichtig?

Eine Einbeziehung der beteiligten Mitarbeitenden ist unumgänglich und sehr wichtig. Das bedeutet nicht unbedingt einen basisdemokratischen Ansatz. Aber die entwickelten Leitfragen sollten zur Diskussion gestellt werden und eine Vorstellung des Evaluationsdesigns sollte erfolgen. Nur wenn die beteiligten Mitarbeitenden von

Anfang an verstehen, was und warum etwas getan wird, werden sie es auch am Ende als ihre eigenen Ergebnisse akzeptieren. Eine Methode könnte auch eine Vorstellungsveranstaltung des Designs und der Untersuchungsfragen darstellen. Hier sollte auch die Führungsebene ihre Unterstützung deutlich sichtbar machen.

Kommunikation während der Evaluation
Gerade während der Evaluierung entstehen längere Phasen, in denen die Mitarbeiter nicht zwangsläufig mitbekommen, was gerade passiert. Dies sind die Phasen der Datensammlung oder der Datenauswertung. Hier ist es wichtig, durch wenige, aber schlüssige Informationen zu verstehen, wie der Stand der Dinge ist und was als nächstes geschieht. So wird das Interesse an dem Prozess gewahrt, ohne dass die Beteiligung überanstrengt wird.

Kommunikation nach der Evaluation
An diesem Punkt gibt das Evaluationsteam die untersuchten Prozesse und die daraus resultierenden Ergebnisse in die Verantwortung der Mitarbeiter zurück. So ist gerade dieser Prozess für das gesamte Vorhaben äußerst wichtig. Das Evaluationsteam kann die Empfehlungen nur sehr bedingt alleine umsetzen, vielmehr sind hier die Kompetenzen aller gefragt. Nun werden Mitarbeiter nur dann Ergebnisse umsetzen wollen, wenn sie auch verstehen, wie sie entstanden sind und wie aus den Ergebnissen dann Handlungsempfehlungen und Maßnahmen entwickelt wurden. Am besten ist es, wenn die Entwicklung der tatsächlichen Maßnahmen ein Teil des gesamten Evaluationsdesigns ist.

> **Beispiel Kommunikation**
>
> Bei der Evaluation einer Einrichtung für kulturelle Bildung im Musikbereich wurde nach den Auftaktgesprächen mit dem auftraggebenden Ministerium und dem ehrenamtlichen Vorstand der Einrichtung ein Auftaktgespräch mit allen Mitarbeitenden geführt. Hier wurde das Ziel der Evaluation erläutert und der Prozess genau beschrieben. Es wurden Anregungen aufgenommen. Im Folgenden wurden Einzelinterviews mit allen Mitarbeiterinnen, der Geschäftsführung, dem Vorstand, dem Ministerium und externen Experten geführt. Als Grundlage für die Einzelinterviews wurde eine Eigenbewertung durch Fragebögen vorgenommen. Jede Woche gab es einen Statusbericht an die Leitung der Institution und das Ministerium, in zunehmendem Maße auch an die Mitarbeiterinnen. Am Ende des Prozesses gab es einen Workshop für die Mitarbeiterinnen, um die Ergebnisse zu verarbeiten, und einen Workshop mit der Leitung der Institution und dem Ministerium. ◄

6.8 Voraussetzungen für eine funktionierende Evaluation

Exkurs: Ressourcen und Budget

Für jede Evaluation, egal welche Form sie annimmt und ob man sie selbst durchführen will oder extern vergibt, sollte ein eigenes Budget aufgestellt werden. Auch die Besucherbefragung, die „inhouse" durchgeführt wird, kann nicht vollkommen kostenneutral durchgeführt werden. Das Setzen eines Budgets erhöht nicht nur die Eigenverantwortung derjenigen, die die Bewertung betreuen, sondern setzt auch ein Zeichen für die Wichtigkeit dieses Unterfangens. Es unterstreicht den Willen, die Ergebnisse der Evaluation ernst zu nehmen, eventuell notwendige Veränderungen anzugehen und durchzuführen. Die Höhe des einzusetzenden Budgets ist von Evaluation zu Evaluation allerdings sehr unterschiedlich, daher kann dazu keine allgemeine Aussage getroffen werden.

Beispiel Budget

Laut einer Untersuchung zum Thema Publikumsforschung hat die Abteilung für Publikumsforschung des Australian Museum in Sydney ein Jahresbudget in Höhe von 60.000 € (zusätzlich zu den Personalkosten) zur Verfügung. Hier wird auch ausgesagt, dass Experten einen Anteil von 10 % des Gesamtbudgets für eine Ausstellung für Evaluation und Publikumsforschung vorschlagen – dies ist allerdings eine Marge, die fast nie in der Realität erreicht wird. (Reussner 2010, S. 146 ff.) ◄

Ablauf der Evaluation 7

Nicht nur das Wann der Evaluation ist wichtig (siehe Abschn. 6.3), sondern auch der Gesamtablauf, in den die Evaluation eingebettet ist. Es geht um eine strategische Planung und Einbettung der Evaluation und darum, dass im Vorhinein gesetzte Ziele und Zielsetzungen für die Evaluation auch erreicht werden können. Dazu gehört ein Zeitplan und eine Einschätzung der zeitlichen Ressourcen und der Kompetenzen, die intern oder extern (siehe Abschn. 6.1) im Team benötigt werden.

Grundsätzlich sollte man nach dem unten stehenden Zyklus (vgl. Abb. 7.1) vorgehen. Dabei muss es sich nicht ausschließlich um ein Projekt handeln – es kann sich zum Beispiel auch um einen Prozess in einer Institution handeln.

Kritische Punkte bei einer Evaluation in der Kultur sind der Erfahrung nach allen Schritten bis zur Durchführung des Programms selbst. Das Aufstellen von Zielen setzt voraus, dass sich die Kulturinstitution oder das Kulturprojekt konkrete, benennbare und auch verschriftlichte Ziele für die Durchführung eines Programms, eines Projektes, eines Seminars vorgenommen hat. Es setzt weiter voraus, dass man sich die Zeit genommen hat, im Team gemeinsam diese Ziele zu vereinbaren, sie an alle transparent zu kommunizieren, die mit dem Projekt zu tun haben und auch deutlich gemacht hat, warum diese Ziele erreicht werden sollten. Dazu gehört es, die positiven oder negativen Effekte zu nutzen, wenn es zu einer Zielerreichung oder Zielverfehlung kommt. Dieser Einsatz von Zeit und die Fokussierung auf gemeinsame Ziele ist äußerst wichtig und sollte in jeder Einrichtung und bei jedem Projekt erfolgen.

© Der/die Autor(en), exklusiv lizenziert an Springer Fachmedien Wiesbaden GmbH, ein Teil von Springer Nature 2024
G. Birnkraut, *Evaluation im Kulturbetrieb*, Kunst- und Kulturmanagement,
https://doi.org/10.1007/978-3-658-43174-7_7

Abb. 7.1 Der Zyklus einer Evaluation. (Quelle: eigene Darstellung)

Die Zeit, die dies am Anfang kostet, zahlt sich in vielfacher Hinsicht im Nachhinein aus:

- Man hat eine Möglichkeit der Überprüfung.
- Man hat eine Rechtfertigung für Geldgeber/Auftraggeber.
- Man hat die Möglichkeit, sich selbst beim nächsten Mal zu verbessern.
- Man hat die Möglichkeit, im Team die Zielerreichung zu kontrollieren.

Die Setzung von Zielen ist der erste Schritt – dem zwangsläufig die Setzung von Indikatoren und Kennzahlen folgt, um herauszufinden, wie man denn die gesetzten Ziele überhaupt messen kann (siehe Kap. 8). An dieser Stelle wird besonders deutlich, dass es sinnvoll sein kann, externe Fachkompetenz bei einer Evaluation hinzuzuziehen. Der Blick von ermöglicht meist die Einstellung und Feststellung von Kennzahlen, die man im alltäglichen Geschäft nicht unbedingt als wichtig und richtig von außen erkennen würde.

Entscheidend beim Ablauf einer Evaluation ist der letzte Punkt – die Rezension und die Handlungsempfehlungen. Sehr oft werden Evaluationen durchgeführt, die zwar ausgewertet werden, aus den Antworten werden aber keine Handlungsempfehlungen gezogen. Selbst wenn Handlungsempfehlungen gezogen werden, fehlt oft die Umsetzung. Hier hat die Durchführung einer Evaluation sehr viel mit der organisatorischen Fähigkeit zu tun, Fehler oder Schwächen anzuerkennen und Veränderungs-/Optimierungsmöglichkeiten als etwas Positives anzusehen. Diese

7 Ablauf der Evaluation

Fähigkeit hängt intensiv von der Führungskompetenz der Leitung des Projektes bzw. ab. zusammen. der Institution (siehe Abschn. 6.5).

Das Sinnbild des Kreislaufes macht deutlich, dass eine Evaluation im besten Falle nie abgeschlossen ist – sie wiederholt sich in einer positiven Spirale der ständigen Verbesserung, der genutzten und gelebten Veränderung in einer immerfort lernenden Organisation. Beachtet werden sollte immer der reale Nutzen für die Institution und die Balance zwischen Aufwand und Nutzen.

Viele Handbücher schlagen jeweils verschiedene Abläufe vor. Im Endeffekt laufen alle auf die Grundlagen des Kreislaufes zurück. So sieht das WK Kellogg Foundation Evaluation Handbook (Kellogg 2017, S. 40) in Abb. 7.2 abgebildeten Schritte vor.

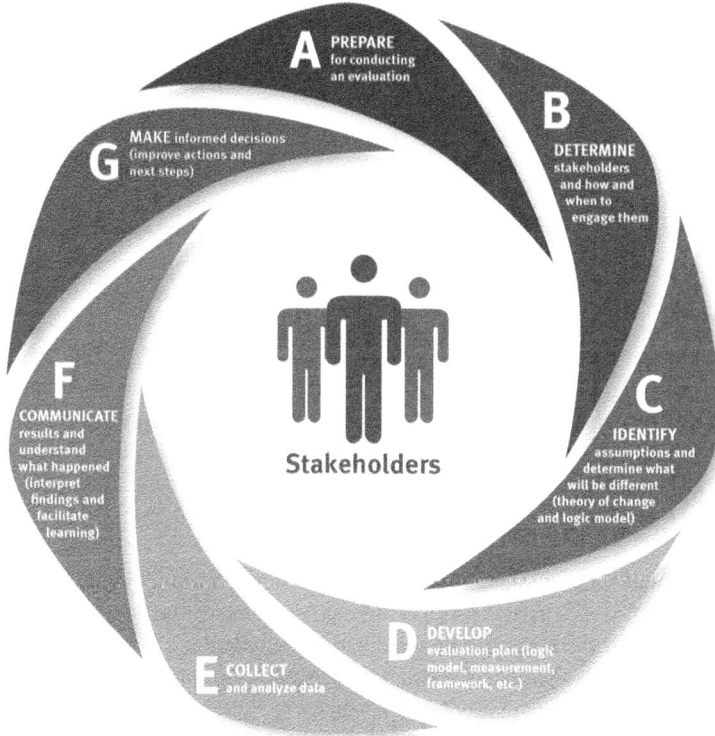

Abb. 7.2 Der Kreislauf der Evaluation. (Quelle: KW Kellogg Foundation. Dies ist eine Weiterentwicklung des Handbuches von 1998, das erklärt, dass die Stakeholder in der heutigen Zeit eine noch wichtigere Rolle spielen.)

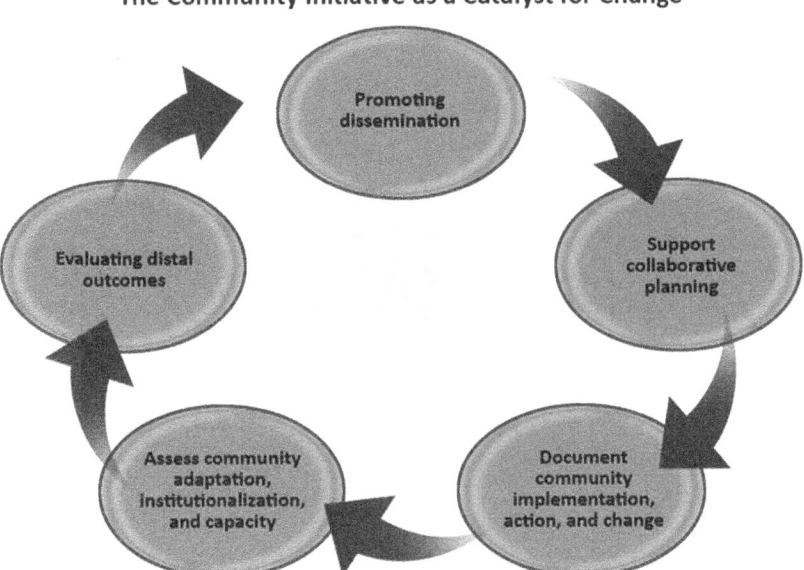

Abb. 7.3 Community-Toolbox. (Quelle: University of Kansas, Community Tool Box 2018)

Die University of Kansas hat eine Community Tool Box entwickelt, die Veränderungen in Gemeinden bewirken möchte (siehe Abb. 7.3).

Auch wenn diese Toolbox nicht speziell auf den Kulturbereich abzielt, ist es ein gutes Modell, das verdeutlicht, wie viel wichtiger die Partizipation auch bei Evaluationen und Wirkungsmessung in den letzten zehn Jahren geworden ist.

Die Seite betterevaluation.org hat den sogenannten Rainbow Framework erstellt (better evaluation 2014). Dieser teilt die Evaluationsschritte in folgenden Abschnitten ein:

1. Management einer Evaluation (dazu gehören unter anderem das Verstehen der Stakeholder, das Schaffen von Ressourcen, das Finden von Verantwortlichen, das Definieren von ethischen und qualitativen Standards)
2. Definieren des Evaluationsgegenstandes (Erstellen eines Logic Models)
3. Eingrenzen der Evaluation (Zweck bestimmen, Definieren von Hauptnutzern, Stellen von Schlüsselfragen, Festlegen von Erfolgskriterien)
4. Darstellen von Aktivitäten, Ergebnissen, Auswirkungen, Zusammenhängen (Daten erheben, Daten analysieren, Daten visualisieren)

5. Kausalität der Ergebnisse und Auswirkungen erschließen (Untersuchen möglicher alternativer Erklärungen)
6. Datensynthese mehrerer Auswertungen
7. Berichterstattung und Nutzung der Evaluationsergebnisse (Empfehlungen ableiten, Zugang sicherstellen)

Letztendlich geht es darum, für jede Evaluation einen eigenen Ablauf zu finden, der auf die Institution und das Projekt zutrifft. Wichtig ist es, egal nach welchem Ablauf man vorgeht, einen detaillierten Zeitplan aufzustellen, um die einzelnen Teile der Auswertung zu terminieren.

> **Beispiel für den Ablauf einer Evaluation (Abb. 7.4):**
>
> Bei einer Befragung von Geförderten eines Bundesfonds wurde zum Beispiel folgender Zeitplan aufgestellt, der als idealtypisch für die Durchführung einer Evaluation angesehen werden kann. Hier wurde ein digitaler Fragebogen eingesetzt, dessen Daten dann mit einer intensiven qualitativen Phase von Fokusgruppen ergänzt wurde: ◄

Piloten und Pretests

Zusätzlich zur Planung ist es wichtig, dass man bei allen Evaluationen einen Piloten durchführt. Fragebögen, Interviewleitfäden, Beobachtungsmerkmale – all

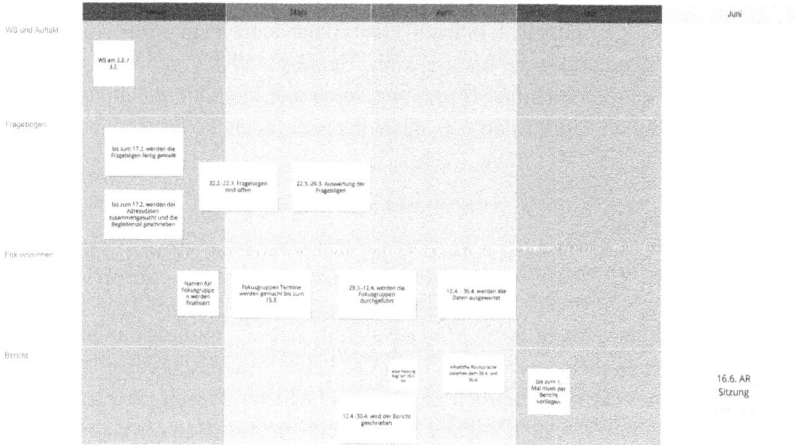

Abb. 7.4 Beispiel für den Ablauf einer Evaluation

diese Dinge werden irgendwann für irgendwie, der das Evaluationsdesign entwirft, so selbstverständlich, dass es passieren kann, dass an der Zielgruppe der Evaluation vorbeigearbeitet wird. Daher sollten je nach Untersuchungsdesign 3 bis 5 Pilotpersonen oder Institutionen aus den jeweiligen Zielgruppen angefragt werden, sich die Fragematerialien als Test betrachten und durchgehen. Dabei sind zwei Ebenen wichtig – zum einen die tatsächliche Beantwortung der Instrumente (zum Beispiel des Fragebogens), damit man überprüfen kann, ob die Antworten wirklich die gewünschten Hinweise und Ergebnisse geben, und zum anderen das Feedback des Piloten zu Verständlichkeit, Dauer, Problemen usw.

Stichprobe
Auch wenn die Evaluationen, die in diesem Handbuch beschrieben werden, nicht immer wissenschaftlichen Standards standhalten müssen, so ist es doch wichtig, gewisse wissenschaftliche Grundüberlegungen miteinzubeziehen und Regeln zu beachten. Dies betrifft auch die Stichprobe – es macht keinen Sinn, die Meinung von zwanzig Besuchern in einem Museum mit durchschnittlich 20.000 Besuchern pro Jahr als Darstellung zu betrachten – dadurch entstehen falsche Aussagen, die dem Haus mehr Schaden als nutzen können.

Es ist wichtig, sich genau zu überlegen, wer die Grundgesamtheit ist, über die gesprochen werden soll, und wie viele dieser Personen man befragen muss, um eine aussagekräftige Basisinformation zu erhalten.

Dabei geht es nicht grundsätzlich um die Anzahl der Befragten, sondern um die Gleichheit der Struktur der Grundgesamtheit und der Stichprobe. Wenn man auch keine klare Grundgesamtheit definieren kann, dann kann man seine Stichprobe auch nicht einordnen und somit kann es keine Repräsentativität geben.

Führt man eine offene Online-Befragung durch und kann nicht definieren, wie die Grundgesamtheit strukturiert ist, dann kann es auch keine Repräsentativität geben.

Beispiel Rücklauf
Bei einer Nutzerbefragung antworten 25 % der Gesamtnutzer – das ist ein sehr guter Rücklauf. Normalerweise rechnet man bei Befragungen mit 10 %. In der Grundgesamtheit gibt es 50 % Männer und 50 % Frauen, die Befragung wird aber von 80 % Frauen beantwortet. Damit ist keine Strukturgleichheit zwischen Stichprobe und Grundgesamtheit gegeben und es handelt sich nicht um repräsentative Ergebnisse. Auch wenn es sich nicht um repräsentative Ergebnisse handelt, sind diese durchaus aussagekräftig und verwertbar. ◄

Verantwortlichkeit
Jede Evaluation – egal ob es sich um eine interne oder externe Evaluation handelt – braucht einen festen Verantwortlichen im Team. Nur so kann gewährleistet werden, dass die Auswertung kontinuierlich überwacht wird und alle Fäden in einer Hand zusammenlaufen. Wenn ein Ablauf festgelegt und ein Zeitplan verabredet werden, dann muss es eine Person geben, die diesen Zeitplan kontrolliert und den Prozess mitgestaltet.

7.1 Formen der Berichterstattung

Meist steht am Ende der Evaluation ein Abschlussbericht oder eine Präsentation. Dies muss von Anfang an in den Ablauf der Untersuchung eingeplant werden und man sollte sich schon zu Beginn der Auswertung bewusst sein, welche Form des Berichts man am Ende wählt, damit man alle wesentlichen Bestandteile von Anfang mitdenkt.

Um Ergebnisse möglichst gut darzustellen, gibt es verschiedene Möglichkeiten, die genutzt werden können. Je nach Projekt, Evaluation und Zielgruppe sollte individuell entschieden werden, welche Art der Berichterstattung gewählt wird. Grundsätzlich muss darauf geachtet werden, wer die Zielgruppe ist, die den Bericht liest und was das Ziel des Berichts ist. Im Gegensatz zu wissenschaftlichen Berichten steht bei Evaluationsberichten nicht im Vordergrund, die Wissenschaftlichkeit und die Methodik in Ausführlichkeit darzustellen. In den meisten Fällen sind die Ziele von Evaluationsberichten eher

- Aufzeigen der erreichten Wirkung
- Fördergeber und Politiker erreichen und überzeugen
- Impulse setzen für Veränderungen
- Mitarbeitende erreichen und überzeugen
- Nutzbare Ergebnisse für den weiteren Lernprozess zu präsentieren.

Daher muss immer darauf geachtet werden, wie dieses Ziel am besten erreicht werden kann. Im Folgenden werden die wichtigsten Berichtsmöglichkeiten vorgestellt.

Zusammenfassung/Executive Summary
Eine Executive Summary ist eine Kurzzusammenfassung, die ca. 2 bis 5 Seiten umfasst, manchmal auch nur eine Seite. Hier werden die wichtigsten Ergebnisse zusammengefasst, ohne dass die detaillierten Ergebnisse und die Hintergründe weiter erläutert oder diskutiert werden. Die Executive Summary ist für den eiligen

Leser und oft auch für den wichtigen Leser, denn die Entscheider und die Politiker haben meist keine Zeit, einen hundert Seiten umfassenden Bericht zu lesen. Die Executive Summary ist daher häufig das Einzige, was die Chance hat, gelesen zu werden. Es sollte viel Sorgfalt und Überlegung darauf verwendet werden, zu entscheiden, welche die wichtigsten Ergebnisse sind. Am besten wird hier noch einmal ein Abgleich mit den gesetzten Zielen vorgenommen.

Ausführlicher Bericht
Der ausführliche Bericht beschreibt normalerweise folgende Aspekte: Auftragsbeschreibung, Zielsetzung und Wirkungskreislauf, Methodik, Ergebnis, Analyse und Handlungsempfehlungen. Auch hier sollte man sich fragen: Was ist für den Leser wichtig? In einer wissenschaftlichen Arbeit wären die Zielsetzung, die Methodik und die Ergebnisbeschreibung wichtig, aber in einer praxisorientierten Untersuchung sind meist die Handlungsempfehlungen das Entscheidende. Außerdem sollte überlegt werden, ob es nicht sinnvoll ist, die Handlungsempfehlungen an den Anfang zu stellen und erst danach das Vorgehen und die einzelnen Detailergebnisse aufzuhören.

Erstellung von Profilen
Mitunter mag es Sinn ergeben, kurze, deskriptive Profile von einem Land oder von einem prototypischen Besucher etc. zu erstellen. Dies ist besonders dann sinnvoll, wenn die Ergebnisse sehr komplex sind und man lange brauchen würde, um die Ergebnisse in Gänze zu verstehen. Dann können kurze, zusammenfassende Profile das Lesen und Verstehen sehr vereinfachen.

Durchführung eines Workshops
Wenn es darum geht, dass Kollegen und Mitarbeiter nicht nur von den Ergebnissen überzeugt werden sollen, sondern auch selbst Aktivitäten und Maßnahmen ergreifen sollen, dann bietet sich ein Workshop an, auf dem die Ergebnisse präsentiert werden und gemeinsam die nächsten Schritte entwickelt werden können. Meist ist hier eine externe Moderation angebracht.

Öffentliche Präsentation mit Diskussion
Sollte es sich um eine Evaluation handeln, die stark im öffentlichen Interesse steht, kann auch eine öffentliche Präsentation mit Diskussion gewählt werden. Vorstellbar ist die kurze Vorstellung der Ergebnisse durch den Evaluator und eine folgende Podiumsrunde mit Förderern und Entscheidern. So können auch bereits Maßnahmen präsentiert werden, die ergriffen werden. Die Runde sollte schnell für Fragen aus dem Plenum geöffnet werden. Diese Methode zeugt von Transparenz und

von einem selbstbewussten Umgehen mit Ergebnissen, auch wenn diese negativ sein sollten. Mit einem solchen offensiven Angang wird meist eine bessere Akzeptanz erreicht als mit dem Verschweigen von Ergebnissen.

Visualisierung der Ergebnisse
Wichtiger denn je ist es, eine passende und ansprechende Visualisierung zu finden. Das klassische Schriftstück und auch die klassische Powerpoint-Präsentation sind oft nicht mehr zeitgemäß. Wichtig sind gut aufbereitete Grafiken, Kurzvideos, grafisch aufbereitete Ergebnisse, die in Strukturen und Prozesse heruntergebrochen werden. Eine Prezi-Präsentation kann sinnvoll sein, oder auch eine Darstellung in Bildern. Je nach Zielgruppe und deren Verständnis gibt es viele Möglichkeiten, die Wortwüste von Berichten aufzulockern.

Kennzahlen und Indikatoren 8

Die Darstellung der verschiedenen Abläufe einer Evaluation hat gezeigt, dass Ziele und Maßnahmen wichtig sind. Ziele und Maßnahmen werden erst durch das Aufstellen von Indikatoren und Kennzahlen messbar und damit auch vergleichbar und bewertbar. (Die Begriffe Kennzahlen und Indikatoren werden hier synonym verwendet.) Dabei liegt die Hauptschwierigkeit – speziell im Kulturbereich – genau in diesem Aufstellen von Kennzahlen und Indikatoren. Die einfacher aufzustellenden quantitativen Kennzahlen, die oftmals aus dem betriebswirtschaftlichen Umfeld kommen, sind meist umsatz- und gewinngesteuerte Größen, die im Non-Profit-Bereich selten von ausschlaggebender und alleiniger Bedeutung sind. Nicht nur aus dem Grund, dass Non-Profit-Unternehmen nicht gewinnorientiert sein dürfen, sondern auch, weil der Erfolg, die Wirkung von künstlerischen Projekten und Institutionen nicht nur quantitativ zu messen ist. Öffentlich getragene und subventionierte Institutionen haben einen öffentlichen Kulturauftrag, der sie verpflichtet, auch schwierig zu verstehende, zeitgenössische oder unbekannte Kunst und Kultur zu zeigen und für die Öffentlichkeit aufzuführen. So kann der Erfolg einer Aufführung dann zum Beispiel nicht nur durch die Zahl der Besucher gemessen werden.

Die qualitativen Kennzahlen aber, die mehr Aussagen über die Qualität von Prozessen machen, sind wiederum nur schwer messbar zu gestalten. Trotzdem gibt es Möglichkeiten, qualitative Prozesse beschreibbar und bewertbar zu machen. Insbesondere, wenn man sich vom künstlerischen Kernprozess entfernt und sich die qualitativen Managementprozesse anschaut, die einen großen Teil der Qualität einer Kulturinstitution ausmachen. Damit gemeint sind zum Beispiel Führungsprozesse, Organisationsentwicklung, Personalentwicklung, Kommunikationsprozesse etc. (vgl. Abb. 8.1).

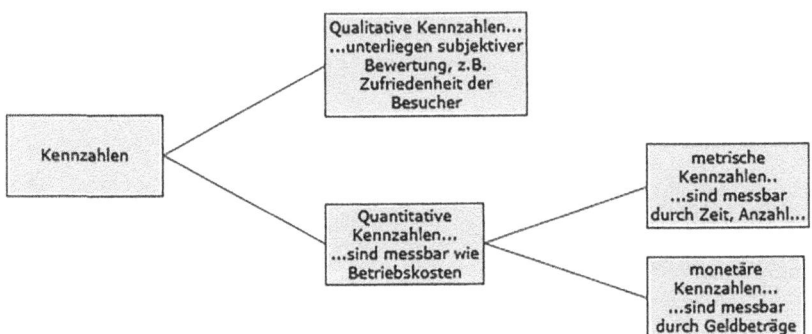

Abb. 8.1 Unterscheidung von Kennzahlen. (Quelle: Eigene Darstellung)

So kommt immer wieder der Vorwurf auf, dass besonders die qualitativen Kennzahlen subjektiv bewertet werden. Die Subjektivität oder Objektivität liegt dabei bei quantitativen *und* bei qualitativen Kennzahlen im Auge des Betrachters. Beispielsweise in Bezug auf die Erwartungen von Besuchern – ist eine Institution dann gut, wenn sie auf alle Erwartungen der Besucher eingeht, ohne Rücksicht darauf zu nehmen, welche Bedeutung dies für ihr eigenes Profil und ihren kulturellen Charakter hat?

Je nachdem also, wie die Messlatte und die Sichtrichtung bei Kennzahlen und Indikatoren liegt – egal ob quantitativ oder qualitativ –, werden Kennzahlen und Indikatoren verschieden bewertet und bemessen werden. Entscheidend ist die Kopplung der Kennzahlen und der Indikatoren an die vorher aufgestellten Ziele. Erst dann ergeben Kennzahlen Sinn. Erst dann können sie im Sinne der Zielerreichung messen und bewerten, ob und inwieweit die gesetzten Ziele erreicht werden. Kennzahlen, die ohne vorher definiertes Ziel aufgestellt werden, sind mehr oder weniger sinnlos. Weiterhin ist entscheidend, dass zu den gefundenen Indikatoren Erwartungen formuliert werden. Welche Zielerreichung/welche Erwartung hat die Institution, wie sich die gewünschte Wirkung zeigen lässt.

Weiterhin wird unterschieden zwischen übergeordneten Indikatoren, die gesamtpolitisch zu betrachten sind und den Indikatoren, die auf Institutionsebene angesetzt werden. Im Folgenden werden ausschließlich Kennzahlen detaillierter dargestellt, die auf institutioneller oder projektbezogener Ebene relevant sind. Die übergeordneten Indikatoren hingegen sind Daten, die man hervorragend zum Lobbying oder zur politischen Argumentation hinzuziehen kann, die man aber nicht unbedingt selbst erheben kann.[1]

---

[1] Die statistischen Ämter des Bundes und der Länder haben hierzu eigens die Kulturstatistiken aufgestellt, die Indikatoren zur Kulturproduktion (zum Beispiel Anzahl Besucher Museen

Die Erstellung von präzisen Indikatoren stellt dabei eine der größten Herausforderung bei einem logical framework dar. Hilfreich ist sicher die Formulierung aus dem Handbuch Wirkung zu Indikatoren: „DerBegriff „Indikator" kann übersetzt werden mit „Hinweis". Anhand von Indikatoren lässt sich feststellen, ob ein bestimmter Sachverhalt oder ein bestimmtes Ereignis eingetreten ist. So sind gelbe Blätter an den Bäumen ein Indikator dafür, dass der Herbst Einzug gehalten hat, und herumwirbelndes Laub ist ein Indikator für Wind." (Kursbuch Wirkung 2018, S. 59)

8.1 Quantitative Kennzahlen

Es gibt unterschiedliche Möglichkeiten quantitative Kennzahlen zu formulieren: Eine Möglichkeit ist es, zwei Zahlen zueinander in Relation zu setzen, die andere Möglichkeit ist, eine einfache Zahl als Kennzahl zu nutzen. Diese sagen dann aus, ob ein vorher gesetztes Ziel erreicht worden ist. Das Schwierige an Kennzahlen ist das Setzen von Zielen und das Finden von Zahlen, die sinnvoll zueinander in Relation gesetzt werden können oder von Zahlen, die aussagekräftig für sich stehen.

Beispiel

Ein Saal hat 1000 Plätze. Zu einer Aufführung kommen 500 Personen. So ist die Auslastung die Relation zwischen den erschienenen Besuchern und den vorhandenen Plätzen, also 500 : 1000 = 0,5, das heißt eine Auslastung von 50 %. Wenn das vorab gesetzte Ziel war, eine durchgehend hohe Auslastung zu erreichen und die gesetzte Erwartung bei einer Auslastung von 70 % liegt, dann ist das Ziel nicht erreicht worden. ◂

In der Wirtschaft werden Kennzahlen oft benutzt, um Ertrag oder Liquidität zu beschreiben. In der Kultur geht es nicht hauptsächlich darum, oftmals aber darum, Finanzierungsrelationen zwischen öffentlichen und privaten Mitteln aufzusetzen. Im Folgenden werden einige gängige Kennzahlen erläutert:

Zahl der Besucher/Auslastung
Die Zahl der Besucher an sich ist eine Kennzahl zum Beispiel bei Räumen (meist Ausstellungen), wo eine Auslastung nicht klar messbar ist. Die Auslastung (Beschreibung siehe Beispiel oben) wird in Relation zu den vorhandenen Plätzen gemessen.

---

pro Einwohnerzahl) und zur Kulturrezeption (unter anderem Zahl der Unterhaltungsmedien pro Haushalt) wiedergeben und dort die einzelnen Bundesländer miteinander vergleichen. (Kulturstatistik 2008).

Hits auf der Website
Hier wird durch eine Statistik gezeigt, wie oft die Website der Kulturinstitution besucht wird, wie lange der Besucher im Schnitt verweilt, wie viele Seiten er sich anschaut etc. Damit kann beschrieben werden, wie gut der Einsatz der Mittel genutzt wird, der in den Webmaster und die Web-Aktivitäten investiert wird.

Frequenz der wiederholten Besuche
Es wird gemessen, wie oft Besucher in die Institution wiederkehren. (Die Gründe für die wiederholten Besuche können nicht in einer quantitativen Kennzahl abgebildet werden – dies fällt in den Bereich der qualitativen Kennzahlen.)

Fixkostendeckung
Die institutionelle Förderung wird geteilt durch die fixen Kosten (Summe aus Personal-, Honorar-, Miet-, Betriebs- und Verwaltungskosten), um den Kostendeckungsbeitrag zu berechnen. Genauso kann auch die Höhe der eigenen Einnahmen in Relation zu den Fixkosten gesetzt werden, um zu sehen, wie viel Prozent der Fixkosten durch die Einnahmen gedeckt werden.[2]

Eigenerwirtschaftungsquote
Die gesamten Einnahmen aus Verkäufen von Ticket-/Seminargebühren und sonstigen betriebsnahen Verkäufen (Merchandising, Kataloge, Publikationen etc.) geteilt durch die Gesamtausgaben.

Spenden und Sponsoring werden üblicherweise nicht mitgezählt, weil sie nicht unmittelbar aus Programm- bzw. geschäftlichen Aktivitäten resultieren.

Drittmittelquote
Einnahmen aus Spenden und Sponsoring plus sonstige Zuwendungen (regelhafte und punktuelle Projektförderung) geteilt durch die Gesamteinnahmen.

Umsatzquote pro Besucher
Hier werden die Gesamteinnahmen des Shops der Institution in Relation gesetzt zu den Gesamtbesuchern. Die Quote ergibt den durchschnittlichen Einkauf eines Besuchers in einem Shop einer Kultureinrichtung.

---

[2] Fixkosten sind Kosten, die unabhängig davon anfallen, ob etwas produziert wird oder nicht. Es handelt sich dabei um Posten wie Miete, Energie, fixe Personalkosten etc. – im Gegensatz dazu fallen variable Kosten nur abhängig von der Produktion ab, dies wären insbesondere: Materialien, freie Honorare, etc.

8.1 Quantitative Kennzahlen

Verhältnis der Produktionskosten zu der Anzahl der Besucher
Wenn man eine einzelne Produktion eines stagione-Betriebes[3] betrachtet, so kann man die Gesamtproduktionskosten (variable Kosten) teilen durch die Anzahl der Besucher, um herauszufinden, wie hoch die Produktionskosten pro Besucher sind.

Verhältnis der Produktionskosten zur Anzahl der Aufführungen
Das gleiche Prinzip, aber in Bezug gesetzt zu der Anzahl der Aufführungen, ermöglicht einen Blick auf die Höhe der Produktionskosten pro Aufführung.

Deckungsbeitrag
Der Deckungsbeitrag gibt den Betrag an, den man nach Abzug der variablen Kosten von den Gesamteinnahmen übrig hat, um Fixkosten zu decken und einen eventuellen Überschuss zu generieren. Ist der Deckungsbeitrag gleich null, werden nur die variablen Kosten gedeckt und die Fixkosten können nicht bezahlt werden. Ein negativer Deckungsbeitrag würde angeben, dass nicht einmal die variablen Kosten, die ja nur aufgrund der Produktion anfallen, gedeckt wären – ein sehr schlechtes Ergebnis.

Förderungsquote
Bei einem Fonds oder einer Gelder vergebenden Stelle kann die Relation von bewilligten Projekten zur Gesamtbewerberzahl gemessen werden – diese Kennzahl sagt etwas über den Bedarf am Markt aus, aber auch über die Wirksamkeit der fördernden Stelle am Markt.

Zahl der Besucher, die zum ersten Mal da sind
Auch dies kann ein Hinweis darauf sein, dass ein Ziel erreicht wurde.

Zahl der durchgeführten Veranstaltungen
Die reine Zahl der durchgeführten Veranstaltungen kann schon ein Indikator dafür sein, dass ein Ziel erreicht wurde.

Je nach Projekt und Institution können vielfältige weitere Kennzahlen und Indikatoren aufgesetzt werden. Entscheidend ist dabei immer, sich vorher die Ziele zu verdeutlichen, die man gesetzt hat und zu überlegen, welche Zahlen und

---

[3] „stagione" bedeutet, dass ein Haus seine Inszenierungen am Block konzentriert spielt – im Gegensatz zu seinem Repertoiretheater, das jeden Abend ein anderes Stück bietet. Das „stagione-Theater" ist kostengünstiger in Bezug auf die Personalkosten, die Materialkosten und die Verwaltungskosten.

Relationen das Erreichen oder Nicht-Erreichen dieser Ziele verdeutlichen. Nur dann sind Kennzahlen und Indikatoren auch wirklich von Bedeutung.
Wichtig sind noch drei Punkte in Bezug auf die quantitativen Kennzahlen:

Beschaffung der Daten
Die Beschaffung der Daten für diese Kennzahlen erfolgt über die Buchhaltung, Budgetpläne, die Datenbanken, das Controlling (falls vorhanden) und Auswertungen/Zählungen und ein funktionierendes Monitoring.

Kontinuierliche Erhebung
Die Kennzahlen müssen regelmäßig und kontinuierlich erhoben werden, damit eine Vergleichbarkeit und eine Veränderung wahrgenommen werden kann. Nur so können diese Kennzahlen ein eigenes Leben entwickeln und im Rahmen einer Gesamtstrategie Nutzen bringen.

Transparente Kommunikation
Die Ziele und die Ergebnisse der Kennzahlen und damit auch der Grad der Zielerreichung müssen allen relevanten Mitarbeitern/Kollegen mitgeteilt werden. Nur eine transparente Kommunikation erreicht auch, dass die Kennzahlen ernst genommen werden und dass es sich um Instrumente handelt, die nicht nur der Leitung des Hauses etwas nutzen. Selbstverständlich muss dabei auf eine Balance geachtet werden, dass nicht alle Mitarbeiter alle Kennzahlen erhalten, denn nichts ist unsinniger als eine Überflutung mit Zahlen und Auswertungen, mit denen dann niemand etwas anfangen kann.

8.2 Qualitative Kennzahlen

Qualitative Kennzahlen haben als Basis schwerer messbare Fakten als quantitative Kennzahlen, wie zum Beispiel die Zufriedenheit, die Reife, die Lernbereitschaft, die Innovationskraft. Neben den klar festgelegten Zielen, die auch hier benötigt werden, braucht es zusätzlich Fach- und Expertenwissen, um gewisse Standards und Qualitäten einzuschätzen (siehe auch Exkurs „Der Evaluator von außen", Abschn. 5.1).

Gerade wenn Bereiche beurteilt werden sollen wie die Reife der Organisation oder des Managements, die Innovationskraft oder der Stadtteilbezug und die Bürgerschaftlichkeit, wird deutlich, dass die Erwartungshaltung für die Beurteilung definiert werden muss. Wer wiederum darf diese Erwartungshaltung bewerten, wer darf sie äußern? Die Glaubwürdigkeit der Aussagen von qualitativen Kennzahlen steht und fällt auch mit der Beantwortung dieser Fragen.

> **Das Thema Bürgerschaftlichkeit in Stadtteilkulturzentren**
>
> Wenn man das Thema Bürgerschaftlichkeit bei einem soziokulturellen Stadtteilkulturzentrum evaluieren will, so könnte das Ziel sein:
>
> - Das Stadtteilkulturzentrum soll durch eine hohe Bürgerschaftlichkeit gekennzeichnet sein.
>
> Diese zeigt sich durch eine hohe Einbindung von Bürgern aus dem Stadtteil nicht nur als aktive Nutzer, sondern auch als aktive Steuerer in den Steuerungs- und Beratungsgremien und in der Unterstützung des Zentrums durch ehrenamtliches Engagement.
>
> Aus dieser Zielsetzung kann nun eine Mischung aus quantitativen und qualitativen Kennzahlen entwickelt werden:
>
> *Quantitative Kennzahlen*
>
> Anzahl der Ehrenamtlichen in Relation zu den Hauptamtlichen – sagt aus, wie viel ehrenamtliches Engagement geleistet wird verglichen mit dem Hauptamtlichen.
>
> Anzahl der ehrenamtlichen Mitglieder, die in Steuerungsaufgaben eingebunden sind (Vorstand, Kuratorium, Beirat, Arbeitsgruppen etc.) in Relation zu den Hauptamtlichen – diese Zahl trifft eine Aussage darüber, wie stark die ehrenamtlichen Bürger des Stadtteils in die Steuerung eingebunden sind.
>
> Anzahl der Nutzer aus dem Stadtteil in Relation zu der Gesamtanzahl der Nutzer – hier wird festgestellt, wie stark die Angebote von den Bürgern aus dem Stadtteil genutzt werden.
>
> *Qualitative Kennzahlen*
>
> Einsatz an Zeit und Energie in Relation zur Qualität der Arbeitsergebnisse – sehr subjektive Erkenntnis aller Beteiligten, die aussagt, wie effizient diese Struktur und Organisation ist.
>
> Einsatz an Koordination, Zeit und Energie für das Ehrenamtsmanagement in Relation zu der Leistung von Ehrenamtlichen – subjektive Aussage zur Professionalität und zur Zuverlässigkeit der Ehrenamtlichen.
>
> Aus der Mischung dieser Kennzahlen kann als Grundlage eine Bewertung erfolgen, die eine Aussage zur Bürgerschaftlichkeit der Institution trifft. ◄

Folgende weitere Beispiele qualitativer Kennzahlen sind sinnvoll im Kulturbetrieb einsetzbar:

Gründe des Besuches
Quantitativ kann gemessen werden, wie oft die Besucher kommen, der Hintergrund ihres Besuchs – die Gründe und Motivationen – muss qualitativ abgefragt werden. Dies kann durch eine Befragung oder ein Gespräch herausgefunden werden.

Zufriedenheit von Besuchern
Die Zufriedenheit von Besuchern kann gemessen werden durch mündliche und schriftliche Besucherbefragungen, Fokusgruppengespräche, Interviews etc. Es geht hierbei um eine subjektive Abfrage der Zufriedenheit der Besucher, meist bezogen auf den Service, die Infrastruktur, die Kommunikation. Seltener bezieht sich die Messung der Zufriedenheit der Besucher auf die künstlerische Qualität. Hier steht der originäre Anspruch auf künstlerische Freiheit der Künstler und Kulturinstitutionen im Widerspruch zu einer repräsentativen Befragung der Besucher und dem dementsprechenden Eingehen auf eventuelle Änderungswünsche programmatischer Art.

Motivationsgrad von Mitarbeitern
Der Motivationsgrad oder die Zufriedenheit der Mitarbeiter kann durch eine anonyme Mitarbeiterbefragung per Fragebogen gemessen werden, durch eine personifizierte Befragung oder auch durch Jahresgespräche. Es geht hier um die subjektive Einschätzung der Mitarbeiter in Bezug auf ihre Zufriedenheit im Arbeitsalltag. Abgefragt werden können zum Beispiel Zufriedenheit mit der Führung, mit den Weiterbildungsmöglichkeiten, mit dem Klima im Team, der Infrastruktur, den Herausforderungen (Unter- oder Überforderung), mit den Aufstiegsmöglichkeiten, der Mitbestimmung und mit der Gestaltungsfreiheit.

Art und Strukturen von Kooperationen und Netzwerken
Kulturinstitutionen sind meist stark, aber selten strategisch vernetzt. Hier kann abgebildet werden, wie effektiv das bestehende Netzwerk ist, wie effektiv die vorhandenen Kooperationen betrieben und genutzt werden. Dies kann durch Feedbackgespräche passieren, durch Dokumentation der Kooperationen, durch Aufzeigen der bestehenden Netzwerke und Kooperationen. Das Ergebnis zeigt Stärken und Schwächen in diesen Bereichen auf.

Verbindung zur Öffentlichkeit
Wie stark ist die Bindung in den Stadtteil (siehe Beispiel oben) oder aber auch in die Fachöffentlichkeit? Diese Bindung kann beurteilt werden anhand von Unterstützern in Krisenzeiten oder aber auch Unterstützern bei politischen Diskussionen.

8.2 Qualitative Kennzahlen

Überprüfung des Images und der Reputation
Welches Bild trägt die Institution nach außen und welches Bild wird wahrgenommen? Es geht um die Reputation, die von den Medien, den Besuchern und den Partnern wahrgenommen wird. Gemessen werden kann dies durch subjektive Einschätzungen, Gespräche und die Bereitschaft von Partnern, wiederholt zusammenzuarbeiten.

Verändertes oder verbessertes Verstehen kultureller Inhalte
Besonders im Bereich der Vermittlung, der kulturellen Bildung, ist diese qualitative Kennzahl von großer Bedeutung. Sie kann anhand von Aussagen vor und nach dem Besuch einer Aufführung oder nach der Teilnahme an einem Workshop gemessen werden. Hier wird insbesondere die Wissensvermittlung sichtbar gemacht.

Änderungen der Einstellungen der Besucher gegenüber bestimmten Themen
Diese Kennzahl geht noch einen Schritt weiter als das veränderte Verstehen der kulturellen Inhalte – hier geht es vielmehr darum, bei den Besuchern/Teilnehmern Einstellungen/Vorurteile/gesellschaftliche Strukturen zu verändern. Dies kann wiederum gemessen werden durch Gespräche, Aussagen der Teilnehmer/Besucher vor der Aktivität und nach der Aktivität.

Änderung des Verhaltens der Besucher/Teilnehmer bei bestimmten Themen
Gerade wenn die Wirkung von Projekten kultureller Bildung aufgezeichnet werden soll, ist es wichtig, eine Veränderung von Verhalten aufzuzeigen (höheres Selbstbewusstsein, weniger Aufregung bei Präsentationen, klarere Perspektive für die eigene Zukunft durch die Erfolgserlebnisse).

Gerade die qualitativen Kennzahlen stehen in engem Zusammenhang mit dem Thema Wirkungsforschung/Logical Framework (siehe Kap. 5).

Alles in allem geht es bei den Kennzahlen und Indikatoren darum, den Return on Investment[4] oder auch den Return on Cultural Investment zu definieren. Denn die Mischung aus Antworten auf die quantitativen und qualitativen Kennzahlen ergeben im Gesamtergebnis eine Antwort darauf, in wieweit die gesetzten Ziele durch den Einsatz von Mitteln, Kompetenzen, Zeit und Kapazitäten erreicht wurden.

---

[4] Der Arts and Business Council in England hat ein kurzes, aber sehr prägnantes Papier zum Thema Return on Investment veröffentlicht, aus dem auch einige der qualitativen und quantitativen Indikatoren entnommen worden sind – ganz der Auffassung folgend, dass es von enormer Wichtigkeit auch für Sponsoren ist, ihr Engagement zu evaluieren und den Return on Investment zu beziffern. (South 2009).

Instrumente 9

Für eine Evaluation gibt es vielerlei Instrumente, die genutzt werden können. Jedes Instrument hat seine Vor- und Nachteile und hilft dabei, verschiedene Ziele zu erreichen. Im folgenden Kapitel werden unterschiedlichste Instrumente vorgestellt, es wird gezeigt, für welches Themengebiet sich die Instrumente eignen. Der Kulturbereich kann dabei von vielen anderen Sektoren profitieren, die schon lange Wirkungsmessungen aufstellen und Instrumente dafür entwickelt haben. Dazu zählen insbesondere der Bereich der internationalen Zusammenarbeit und der Sozialbereich. In diesem Kapitel werden für den Kulturbereich zunächst eher unbekannte Instrumente beschrieben, bevor dann die in Deutschland eher gängigen Instrumente Fragebogen und Gespräche betrachtet werden. Viele der beschriebenen Instrumente benötigen relativ wenig Ressourceneinsatz bei einem relativ hohen Erkenntnisgewinn und sind somit gut für den Kulturbereich einsetzbar.

9.1 Most Significant Change (MSC)

Der Most Significant Change ist ein Instrument, dass oft in der internationalen Zusammenarbeit eingesetzt wird. Das Instrument wurde in den 90er-Jahren von Rick Davies entwickelt und 2005 in einem user guide veröffentlicht (Davies 2005). Es geht darum Geschichten über Veränderungen zu sammeln und daraus dann die wichtigsten Veränderungen in der Analyse herauszuziehen. Der MSC kann kontinuierlich während eines Projektes laufen und kann auf mehrere outcomes einzahlen. Gerade für komplexe Projekte/Programme ist das Instrument geeignet und fokussiert sich dabei hauptsächlich auf die Lerneffekte des Projektes/Programms.

Davies spricht von 10 Schritten, um den Most Significant Change sichtbar zu machen: 1. How to start and raise interest 2. Defining the domains of change 3. Defining the reporting period 4. Collecting Significant Change stories 5. Selecting the most significant of the stories 6. Feeding back the results of the selection process 7. Verification of the stories 8. Quantification 9. Secondary analysis and meta-monitoring 10. Revising the system

Diese 10 Schritte gehen davon aus, dass alle wichtigen stakeholder mit einbezogen werden (Schritt 1). Mit diesen werden in Schritt 2 die Bereiche der Veränderung partizipativ erarbeitet, die als besonders wichtig erscheinen. Die Geschichten werden dann zuerst bei denen eingesammelt, die besonders nah mit den Projekten zu tun haben, z. B. Teilnehmende, Besucher. Die Geschichten der Teilnehmenden werden dann z. B. vom Team der kulturellen Bildung gesichtet und die wichtigsten Veränderungen werden zusammengefasst. Dabei wird der Prozess dieser Auswahl immer transparent dokumentiert. Vom Team der kulturellen Bildung können die Geschichten dann weiter gegeben werden an die Kuratoren, die ihrerseits die für sie wichtigsten Veränderungen definieren und festhalten (Schritte 4–6). So entsteht ein Dokument mit den unterschiedlichen wichtigsten Veränderungen, die der Besuch der Kulturveranstaltung ausgelöst hat. Die Stufe 7 bedeutet, dass die Geschichten auch noch einmal überprüft werden können durch einen eigenen Besuch bei den genannten Veranstaltungen. Die Veränderungen können quantifiziert werden, indem gezählt wird, was wie oft benannt wird (Stufe 8). Stufe 9 und 10 gehen dann in eine Auswertung und Revision des Systems um dann im Lernkreislauf von vorne anzufangen.

Es spricht auch nichts dagegen, den komplexen MSC Prozess für die eigenen Belange zu verkleinern/vereinfachen. So können auch punktuell Geschichten gesammelt und analysiert werden, ohne dass die Schritte 5–7 durchgeführt werden müssen. Hier zählt der Ansatz die Besucher nach der Veränderung zu fragen, die durch den Besuch erfolgt ist. Eine lohnende Reflexion für beide Seiten.

Der Ressourceneinsatz ist in Bezug auf die Sach- und Raumressource gesehen sehr gering. Es bedarf keines Materialeinsatzes. Der Zeiteinsatz ist allerdings höher einzuschätzen, da die Geschichten gehört, ausgewertet und analysiert werden müssen.

9.2 Appreciative Inquiry

Die Appreciative Inquiry nimmt positive Erfahrungen und Erfolgserlebnisse zur Grundlage der Wirkungsmessung. Oft fokussiert sich auch eine Wirkungsmessung auf die Bereiche, die nicht erreicht wurden. Die Appreciative Inquiry dreht dieses

Vorgehen gezielt um und fragt danach, was gut läuft und wie man darauf aufbauen kann (zur Bonsen 2012). Dabei kann dieses Instrument sehr variantenreich eingesetzt werden. Es fängt an mit kleinen Abfragen, was den Besuchern besondern gut gefallen hat oder was ihrer Meinung nach funktioniert hat. Es kann aber auch bis zu einem mehrtägigen Workshop eines Teams gehen, die mit der Methode der AI ein ganzes Projekt/Programm selbst evaluieren. Dann werden vier Phasen eingesetzt: Discovery, Dreaming, Design und Destiny. Im ersten Schritt (Discovery) werden die positiven Erlebnisse gesammelt, es geht um das entdecken und verstehen von positiven Erfahrungen. Die Dreaming Phase knüpft an den positiven Erfahrungen an und entwickelt diese für die Organisation weiter. Dies wird in der Design Phase präzisiert und als Zukunftsbilder mit Aussagen belegt, die zur Organisation passen. Die letzte Phase Destiny ist dem Pläneschmieden und den genauen Absprachen des weiteren Vorgehens überlassen.

Der Ressourceneinsatz hält sich auch hier in Grenzen. Sachmittel werden keine gebraucht, Raumressourcen auch nicht. Auch hier sind es die Zeitressourcen, die benötigt werden, um das Instrument durchzuführen und auszuwerten.

9.3 Measuring of Well-Being

Das Instrument kann auch wieder auf unterschiedlichen Ebenen genutzt werden. Die OECD hat das Instrument 2009 auf einer Makro Ebene eingesetzt, um die Themen des Wohlbefindens auf einer nationalen Ebene zu verankern. Die new economics foundation (nef) hat 2005 dieses Instrument auch auf einer kleineren Ebene der einzelnen Organisation angesetzt. Das System der OECD beschreibt gut, um welche Aspekte es sich handeln kann (Abb. 9.1):

Diesen komplexen Sachverhalt kann man auch auf einzelne Kulturveranstaltungen/Kulturprogramme herunterbrechen, indem man definiert, welche Wirkung z. B. der Besuch einer Ausstellung auf das Wohlbefinden der Besucher hat in Bezug auf Entspannung, geistige Anregung, Interaktion mit anderen, etc. Das Ganze kann dann auch auf die Ebene der gesamten Institution gestellt werden. John H. Falk hat 2022 diesem Thema in Bezug auf Museen ein ganzes Buch gewidmet, indem er aufzeigt, welche gesellschaftlichen Steigerungen des Wohlbefindens durch Museen entstehen können. Dabei teilt er ein in die vier Kategorien persönliches, intellektuelles, soziales und physisches Well-Being (Falk 2022, S. 61 ff.).

Der Ressourceneinsatz ist hier auch wieder hauptsächlich zeitintensiv und kann je nach Ausgestaltung des Instrumentes hoch oder mittel ausfallen. Raum und Sachressourcen werden wiederum eher nicht benötigt.

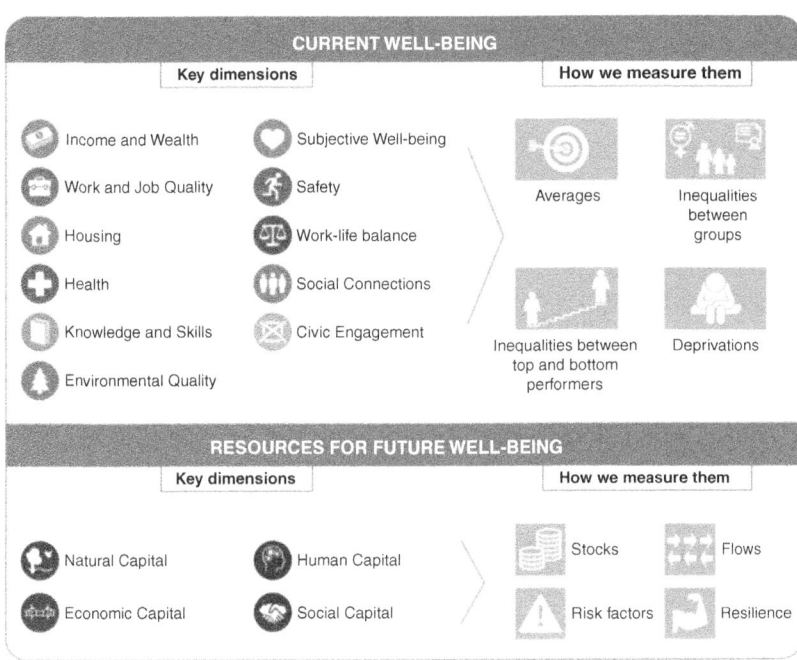

Abb. 9.1 OECD Modell Measuring of WellBeing (2009)

9.4 Road Journey

Die Road Journey ist eines der Instrumente, das von der Initiative NGO-IDEA (NGO-Impact on Development, Empowerment und Action) entwickelt wurde (siehe auch kommentierte Handbücher). Hier wird der Prozess einer gemeinsamen Reise durch ein Projekt/ein Programm partizipativ visualisiert. Dabei werden Fragen diskutiert, die zum einen auf den Erfolg zielen (Finden wir, dass wir erfolgreich waren mit dem Projekt?), zum Anderen auf die eigene Entwicklung (Haben wir uns während des Projektes/Programmes verändert?) bis hin zu Fragen der weiteren Zukunft (Was nehmen wir für die Zukunft daraus mit?). Die Antworten werden in einem road journey Plakat festgehalten.

Die Roadmap wird eingesetzt bei Prozessen, die mit einer gleichbleibenden Gruppe von Menschen über eine bestimmte Zeit durchgeführt werden (dies können

Studierende sein, die gemeinsam ein Studium absolviert haben, es können auch Besucher von Seminaren sein, Mitarbeiter eines Teams o. a.). Das Instrument kann am Anfang oder auch am Ende eingesetzt werden. Dabei wird die gemeinsame Reise auf ein großes Papier aufgemalt – mit den klar erkennbaren Meilensteinen/Ereignissen des Projektes oder des Zeitabschnitts (z. B. Beginn des Trainings, 1. Woche, 2. Woche etc.) Dann werden die Teilnehmenden gebeten, an den einzelnen markierten Meilensteine ihre Erfolge und Misserfolge zu notieren, besondere Ereignisse hinzuzufügen, die Reise also mit fachlichen und emotionalen Erlebnissen zu füllen. Diese Reiseberichterstattung wird immer wieder diskutiert und durch Fragen ergänzt – wie kann man das verändern oder bestärken. So kommen am Ende rückwärtsgewandte Ergebnisse, aber auch vorwärtsgewandte Empfehlungen dabei heraus.

Der Ressourceneinsatz braucht hier einen Raum und ein wenig Material (Stifte, Papier) und einen sehr begrenzten Zeiteinsatz um die journey zu moderieren.

9.5 Fragebögen

Das am häufigsten eingesetzte Instrument ist der Fragebogen. Die Entwicklung und richtige Nutzung von Fragebögen birgt allerdings viele Herausforderungen, die zu meistern sind. Hier ist auf jeden Fall die Zeitressource zu bedenken, da es nicht nur zeitintensiv ist, einen Fragebogen zu erstellen, sondern auch ihn auszuwerten.

Entwicklung eines Fragebogens
Entscheidend für die Entwicklung eines Fragebogens ist zunächst einmal die Fokussierung auf die Ziele, die mit dem Fragebogen erreicht werden sollen. Diesen Zielen werden dann im nächsten Schritt Fragebereiche zugeordnet. Dann werden die Fragebereiche mit Fragen belegt. Am Ende sollte noch einmal ein Gegencheck stehen, ob die gestellten Fragen auch die erwarteten Antworten ergeben. Grundsätzlich sind folgende Grundfragen zu bedenken:

Welche Fragen stelle ich?
Geschlossene Fragen

Geschlossene Fragen sind grundsätzlich Fragen, die mit „Ja" oder „Nein" beantwortet werden. Hier sollte immer eine dritte Möglichkeit mit angegeben werden, zum Beispiel „Keine Angabe" oder „Weiß nicht".

Eine weitere Möglichkeit besteht darin, den Fragen verschiedene Antwortmöglichkeiten vorzugeben, üblicherweise „multiple choice" genannt. Dafür werden dem Beantworter also Antwortmöglichkeiten vorgegeben, aus denen er wählen kann. Man gibt bei der Frage an, ob Mehrfachnennungen erlaubt sind und wie viele Kreuze gesetzt werden dürfen. Nachteil solcher gestützten Fragen (durch die Vorgabe von Antworten) ist, dass keine Sicherheit besteht, dass der Antwortende auch von alleine auf diese Aussage gekommen wäre (Diekmann 2007, S. 408 ff.).

Beispiel ungestützte Fragen

Bei einer Besucherumfrage eines Konzerthauses wird nach den Sponsoren des Hauses gefragt. Eine ungestützte Frage könnte heißen: „Können Sie uns die Unternehmen nennen, die das Konzerthaus in dieser Saison unterstützen und sponsern?" Eine richtige Nennung auf diese ungestützte Frage ist sehr viel wert, da die Verankerung eines Namens und eines Logos mit dem Konzerthaus unbewusst eingesetzt hat und nun zusammen mit dem Konzerthaus abgerufen werden kann. Eine gestützte Frage würde folgendermaßen lauten: „Welche der folgenden Firmen unterstützt Ihrer Meinung nach das Konzerthaus in dieser Saison: a) Unternehmen x, b) Unternehmen y, c) Unternehmen z." So wird der Name der Firma vorgegeben, um eine Verbindung bewusst herzustellen. ◄

Eine dritte Möglichkeit der geschlossenen Frage beinhaltet die Angabe auf einer Skala, durch die eine Aussage ermöglicht wird (zum Beispiel kann man auf die Frage: „Wie hat Ihnen der Service beim Kartenkauf gefallen?" auf einer Skala antworten: Sehr gut/gut/geht so/gar nicht/keine Angabe). Diese Skalen werden in der Regel Likert-Skalen genannt (Diekmann 2007, S. 209). Es gibt dabei die Möglichkeit, eine gerade oder eine ungerade Menge an Items zur Verfügung zu stellen. Da der menschliche Geist sich gerne automatisch in der Mitte einer Wertung einordnet, gibt die Möglichkeit der geraden Menge an Items eine eindeutigere Aussage. Wenn man nämlich keine eindeutige Mitte anbietet, muss sich der Befragte entscheiden, in welche Richtung seine Antwort tendieren soll.

Offene Fragen

Offene Fragen sind Fragen, die eine persönliche, individuelle Beantwortung erfordern. Hier werden Meinungen und persönliche Aussagen abgefragt. Es erfolgt keine Stützung bei der Abgabe von Antworten, das heißt es wird nach freien Assoziationen und Meinungen gefragt. Man bekommt dezidiertere Aussagen, die eine hohe Bedeutung haben, da sie ungestützt und frei assoziiert sind. Die Schwierigkeit liegt hier in der Auswertung.

Die Auswertung solcher offenen Fragen bedeutet nicht nur eine höhere Zeitbindung, sondern bedarf auch der Fachkompetenz. Denn bei der Auswertung der

9.5 Fragebögen

offenen Fragen muss der Auswertende Cluster bilden können, die es ermöglichen, die vielen Nennungen in eine Kategorisierung einzubetten, die zu verwertbaren Ergebnissen führt. Meist werden also die Aussagen in inhaltliche Bereiche eingeteilt, die es möglich machen, Aussagen zu generieren. Bei offenen Fragen muss immer sehr genau überlegt werden, ob der Aufwand und der Nutzen in einem guten Verhältnis zueinander stehen: Erhalte ich für den erhöhten Aufwand der Auswertung wirklich einen Mehrwert durch die offene Frage? Oder kann man diese Frage auch mit einer geschlossenen Frageweise stellen? Grundsätzlich geht man davon aus, dass man bei einer breiter angelegten Fragebogenaktion nicht mehr als ein bis zwei offene Fragen einbauen sollte (Diekmann 2007, S. 408 f.).

> **Beispiel offene Fragen**
>
> Bei einer Nutzerbefragung von Bibliotheken wurde die Frage nach den Erwartungen des Nutzers gestellt und ob diese Erwartungen erfüllt werden. Bei der Größe der Stichprobe von 200 Menschen wurden hier über 600 Nennungen abgegeben. Die Auswertung erfolgte in einer Sichtung der Nennungen und einer Einteilung in erste Grobbereiche: Service, Bestand, Infrastruktur. Diese Bereiche wurden dann wiederum untergliedert – beim Bereich Infrastruktur zum Beispiel in die Themen Öffnungszeiten, Lage der Räumlichkeit, Ausschilderung. Auf dieser Ebene konnten dann Aussagen getroffen werden, welche Erwartungen bereits erfüllt wurden und welche noch nicht erfüllt wurden.
>
> In einem weiteren Beispiel wurde in einer Zwischenevaluation die offene Frage gestellt, was der Meinung der Teilnehmenden nach die Hauptaufgaben der zu evaluierenden Institution sind. Die Antworten wurden in einer Wortwolke aufbereitet und mit den tatsächlichen Aufgabengebieten gespiegelt – so entsteht ein guter Vergleich zwischen Eigen- und Fremdwahrnehmung. ◄

Wie lange soll das Ausfüllen des Fragebogens dauern?
Die Dauer des Ausfüllens ist eine wichtige Komponente der Fragebogenaktion und wird oft unterschätzt. Wenn man alle Fragen, die man beantwortet haben möchte, aufschreibt, so kommt man oft zu einer Dauer, die jenseits einer realistischen Ausfüllzeit liegt. Grundsätzlich kann als Faustregel dienen, dass viele Befragungen, die länger als zehn Minuten dauern, abgebrochen werden. Dabei ist die Ausfüllzeit auch immer in Relation zu der Situation zu setzen, in der ausgefüllt wird. Wenn der Fragebogen zum Beispiel in der Pause eines Theaterstückes ausgefüllt werden soll, die zwanzig Minuten lang ist, dann sollte der Fragebogen nicht mehr als drei bis fünf Minuten in Anspruch nehmen, da davon auszugehen ist, dass die Besucher während der Pause noch andere Dinge erledigen wollen und es den dringenden

Wunsch gibt, sich mit anderen Besuchern auszutauschen. Jeder Fragebogen, der auch nur den Anschein hat, kompliziert und lang zu sein, wird in einer solchen Situation entweder gar nicht angefasst oder aber abgebrochen. Wichtig ist also ein Pretest, bei dem genauestens gestoppt wird, wie lange eine Person benötigt, um den Fragebogen auszufüllen. Bei Online-Fragebögen, bei denen man nicht den ganzen Fragebogen vorab sehen kann, sollte entweder vorneweg die Anzahl der Fragen genannt werden („Nehmen Sie sich ca. 3 Minuten Zeit und beantworten Sie uns drei Fragen …") oder das Online-Tool sollte eine Funktion haben, die bei jeder Frage verdeutlicht, wie viel Prozent man bereits ausgefüllt hat (Kromrey 2016; Kuß 2018).

Wie erleichtere ich das Ausfüllen?
Der Anreiz, einen Fragebogen auszufüllen, kann durch ein gutes Layout erhöht werden, aber auch durch die gegebene Infrastruktur.

Layout
Je klarer und eindeutiger das Layout, desto besser für den Fragebogen. Dabei muss man keine teuren, grafisch gelayouteten Fragebögen produzieren, meist reicht auch eine Word-Datei. Dennoch sollte hier versucht werden, mit den vorhandenen Möglichkeiten eine möglichst gute und transparente Aufteilung zu finden, die das Ausfüllen erleichtert – egal ob es sich um einen haptischen Fragebogen handelt oder um einen Online-Fragebogen (dazu siehe Abb. 9.2).

Dies ist ein Beispiel, das mit einem Online-Modul erstellt wurde. Und hier die gleiche Frage in der haptischen Word-Datei:

Welche Angebote der Bibliothek sind Ihnen wie wichtig? – Auch wenn Sie (noch) kein Nutzer der Bibliothek sind, interessiert uns Ihre Meinung!

	Sehr wichtig	Wichtig	Eher unbedeutend	Ganz unwichtig	Weiß nicht
Ausleihe von neuen Büchern, CDs, DVDs etc.	☐	☐	☐	☐	☐
Angebot an aktuellen Zeitungen und Zeitschriften	☐	☐	☐	☐	☐
Enzyklopädien, Lexika, Wörterbücher	☐	☐	☐	☐	☐
CDs und DVDs/Videos ansehen/ anhören	☐	☐	☐	☐	☐
Auskunft und Beantwortung von Anfragen	☐	☐	☐	☐	☐
Autorenlesungen und Buchausstellungen	☐	☐	☐	☐	☐

(Fortsetzung)

9.5 Fragebögen

	Sehr wichtig	Wichtig	Eher unbedeutend	Ganz unwichtig	Weiß nicht
Online-Katalog	☐	☐	☐	☐	☐
WiFi in der Bibliothek (zur Nutzung eigener Geräte wie Laptop, iPhone etc.)	☐	☐	☐	☐	☐
Computer mit Internetzugang in der Bibliothek	☐	☐	☐	☐	☐
Newsletter	☐	☐	☐	☐	☐
Nachrichten in sozialen Netzwerken wie Face-book, Twitter, xyz (hier bitte lokale Netzwerke eintragen)	☐	☐	☐	☐	☐
Auswahlverzeichnisse und Empfehlungslisten (z. B. Neuerscheinungslisten)	☐	☐	☐	☐	☐
Informationen zu deutscher Kultur und Gesellschaft auf der Website	☐	☐	☐	☐	☐
Datenbanken (z. B. Genios)	☐	☐	☐	☐	☐
Beratung und Bibliotheksführungen	☐	☐	☐	☐	☐

4 Welche Angebote der Bibliothek sind Ihnen wie wichtig? - Auch wenn Sie (noch) kein Nutzer der Bibliothek sind, interessiert uns Ihre Meinung!

	sehr wichtig	wichtig	eher unwichtig	ganz unwichtig	weiß nicht
Ausleihe von neuen Büchern, CDs, DVDs, etc	○	○	○	○	○
Angebot an aktuellen Zeitungen und Zeitschriften	○	○	○	○	○
Enzyklopädien, Lexika, Wörterbücher	○	○	○	○	○
CDs anhören / Videos und DVDs ansehen	○	○	○	○	○
Auskunft und Beantwortung von Anfragen	○	○	○	○	○
Autorenlesungen und Buchausstellungen	○	○	○	○	○
Online-Katalog	○	○	○	○	○
WiFi in der Bibliothek (zur Nutzung eigener Geräte wie Laptop, iphone etc.)	○	○	○	○	○
Computer mit Internetzugang in der Bibliothek	○	○	○	○	○
Newsletter	○	○	○	○	○
Nachrichten in sozialen Netzwerken wie Facebook, Twitter, GoldenLine etc.	○	○	○	○	○
Auswahlverzeichnisse und Empfehlungslisten (z.B. Neuerscheinungslisten)	○	○	○	○	○
Informationen zu deutscher Kultur und Gesellschaft auf der Webseite	○	○	○	○	○
Datenbanken (z.B. Genios)	○	○	○	○	○
Beratung und Bibliotheksführungen	○	○	○	○	○

Abb. 9.2 Beispiel eines Online-Moduls. (Quelle: Eigene Darstellung)

Infrastruktur
Mit Infrastruktur ist gemeint, wie eine Befragung unterstützt wird. Gibt es Kugelschreiber, die mit ausgegeben werden? Gibt es ausreichend Boxen, in die die ausgefüllten Fragebögen eingegeben werden können? Wird die Befragung vom Intendanten vor der Aufführung von der Bühne aus angekündigt und wird um Mithilfe gebeten? Gibt es einen zusätzlichen Anreiz in Form von Gewinnen? Entscheidend ist hier auch die Zielgruppe – kann davon ausgegangen werden, dass alle ein internetfähiges smartphone bei sich tragen, dann kann gut digital gearbeitet werden. Das erleichtert auch die Auswertung. Ist die Zielgruppe allerdings eher nicht internetaffin, braucht es noch das haptische Ausfüllen eines Papierfragebogens.

Beispiel Fragebogen

Bei einer Befragung in der Württembergischen Philharmonie Reutlingen bat der Intendant bei jedem Konzert, den Fragebogen bitte auszufüllen. Es wurden Kugelschreiber zur Verfügung gestellt, Mitarbeiter standen am Ende des Konzertes mit Boxen in den Händen persönlich für den Einwurf zur Verfügung und es wurden CDs und Bücher verlost. Das führte zu einer sehr hohen Rücklaufquote von 41 %. ◀

9.6 Persönliche Gespräche

Wenn es mehr um qualitative Ergebnisse geht, um Einschätzungen, Meinungen, Hintergründe und Strategien, dann bieten sich eher persönliche Gespräche als Fragebögen an. Die Menge der zu führenden Gespräche wird in der Regel geringer sein als die Menge der ausgefüllten Fragebögen. Dafür erhält man von den Gesprächsteilnehmern aussagekräftigere Detailinformationen und man hat die Möglichkeit, Unklarheiten zu bereinigen. Ein entscheidender Vorteil, den man bei einer evtl. unscharf gestellten Frage eines Fragebogens nicht hat. Grundsätzlich gibt es verschiedene Möglichkeiten, die hier kurz beschrieben werden sollen. Bei allen Arten der persönlichen Gespräche ist ein sehr wichtiger Faktor die Frage nach Vertraulichkeit: Was wird mit den Gesprächspartnern vorab in Bezug auf diese Frage vereinbart? Dies kann in zweierlei Hinsicht entscheidend sein: einmal in Bezug auf das Ergebnis, das für einen Evaluationsbericht genutzt werden kann oder dem Auftraggeber zur Verfügung gestellt werden kann, zum anderen hinsichtlich der Offenheit, mit der der Interviewte antworten wird. Dieser Punkt muss unbedingt bedacht werden, da er jedes Mal wieder anders zu beantworten sein wird.

9.6 Persönliche Gespräche

> **Beispiel Vertraulichkeit**
>
> Auftraggeber ist die zentrale Kultureinrichtung, die den Auftrag vergibt, bei einer Niederlassung von einem externen Evaluator die Nutzerzufriedenheit zu evaluieren. Im Zuge der Evaluation werden auch Fokusgruppengespräche und ein Workshop veranstaltet. Da im Vorhinein die Vertraulichkeit der Aussagen und die Verwendung der Ergebnisse nicht eindeutig geklärt wurden, entstand eine große Irritation, als die Niederlassung der Zentrale die Einsicht in die Protokolle der Fokusgruppengespräche verweigerte. Dies hätte vermieden werden können, wenn das Thema der Ergebnisnutzung von Anfang an angesprochen worden wäre. ◄

Individuelles Interview

Bei dem individuellen Interview handelt es sich um eine sehr intensive, duale Gesprächssituation. Ein Interviewer und ein Befragter kommen zusammen und können ohne den Einfluss von Hierarchien, anderen Meinungen oder sonstigen Einwürfe ein Thema diskutieren. Im wissenschaftlichen Arbeiten gibt es verschiedene Formen von Interviews – in Bezug auf Evaluationen kommen in den meisten Fällen leitfadenstrukturierte Interviews infrage – entweder semi-strukturiert oder ganz strukturiert. Das bedeutet nichts anderes, als dass der Interviewer vorher Fragebereiche und Fragen festlegt, die er dem Interviewten auch vorab zukommen lässt, um die Vorbereitung der Inhalte zu gewährleisten. In einem semi-strukturierten Gespräch ist neben den festen Fragen noch Raum, auch auf andere Entwicklungen der Themen und Probleme mit einzugehen. Bei einem komplett strukturierten Leitfaden gibt es diese Möglichkeit nicht – hier ist der Unterschied zu einem Fragebogen nicht mehr immanent, außer dass der Interviewer sicherstellen kann, dass alle Fragen beantwortet werden und er beobachten kann, wie die Fragen aufgenommen werden. Die semi-strukturierten Interviews hingegen geben einen Rahmen vor, der je nach Gesprächspartner individuell ausgefüllt werden kann (Kromrey 2016, S. 335 ff.).

Neben dem Leitfaden ist es wichtig, dass der Interviewer sich schon vor dem Gespräch fragt, wie er die Ergebnisse protokollieren will und wie er mit den Ergebnissen für einen eventuellen Evaluationsbericht umgehen möchte. Zu nennen sind die in Abb. 9.3 dargestellten Möglichkeiten mit den jeweils auftauchenden Vor- und Nachteilen.

Egal welche Methode gewählt wird: Sollte der Interviewte direkt zitiert werden oder Aussagen mit Namen belegt werden, muss er vorher um Freigabe der Zitate gebeten werden.

Methode	Vorteile	Nachteile
Mitschneiden	Genauigkeit der Aufnahme	Extrem viel Material, das gesichtet werden muss
Mitschreiben	Fokussierung auf wesentliche Aussagen	Fehlende Konzentration auf den Gesprächspartner
Protokollant zusätzlich zum Gesprächsführer	Konzentration auf den Gesprächspartner und Fokussierung auf wesentliche Aussagen	Eventuell ein Hemmnis, gegenüber zwei Personen zu sprechen

Abb. 9.3 Unterschiedliche Methoden der Dokumentation von Gesprächen. (Quelle: Eigene Darstellung)

Gruppenfeedback-Sitzungen
Bei speziellen Zielgruppen und dem Start eines neuen Programms mag es sinnvoll sein, intensive Gruppenfeedback-Sitzungen zu machen. Die Teilnehmer der Feedback-Sitzungen müssen gleichzeitig auch zur Zielgruppe des neuen Programms gehören – die Auswahl ist sicher manchmal schwierig, da man die meist anonymen Besucher als persönliche Feedbackgeber gewinnen muss. Die Gespräche und die notwendige Organisation machen es zu einem zeitaufwendigen Unterfangen, trotzdem kann der Aufwand Sinn ergeben, wenn es um die Entwicklung eines Projektes geht, das noch vielfach umgesetzt werden soll.

Beispiel Gruppenfeedback

Eine jugendpädagogische Einrichtung führt ein neues Projekt ein, das ab jetzt regelmäßig stattfinden und das auch in anderen Städten und Gemeinden durchgeführt werden soll: ein speziell für Jugendlichen entwickeltes Training, um mit Improvisationstheater Aggressionen abzubauen und Situationen zu entschärfen. Da das Programm noch in der Entwicklungsphase steckt, wird nach den ersten fünf Malen mit den Teilnehmern des Trainings jeweils ein Gruppenfeedback durchgeführt, um Stärken und Schwächen des Programms zu überprüfen. Dazu werden die Teilnehmer gebeten, sich eine Stunde Zeit zu nehmen und gemeinsam ihr Urteil und ihre Einschätzung des Programms zu diskutieren. Vorgegeben werden lediglich Rahmenthemen. ◄

Fokusgruppen
Hier werden ca. sechs bis acht Menschen zu einem intensiven Gespräch über ein bestimmtes Thema (mit einem bestimmten Fokus) eingeladen. Das Gespräch wird moderiert und es gibt einige Grundfragen, die besprochen werden sollen, ansonsten ergibt sich eine freie Diskussion zwischen den Teilnehmern. Grundsätzlich gilt das Gleiche wie für die Gruppenfeedback-Sitzungen: es ist ein zeitaufwendiges Instrument. Trotzdem lohnt es sich, um aus dem anonymen Besucher ein Gesicht mit Be-

9.6 Persönliche Gespräche

darfen, Wünschen und Notwendigkeiten zu machen. Der Unterschied zum Gruppenfeedback ist, dass hier Aussagen zu allgemeiner besetzten Trends und Instrumenten gesucht werden, es kann also um die Aufmerksamkeit in der Öffentlichkeit gehen oder um die Wahrnehmung von Marketingmaßnahmen.

Beispiel Fokusgruppen

Die Nationaloper von Estland hat eine Befragung durchgeführt, bei der es um das Marketing der Oper ging und um die Gewinnung neuer Zielgruppen, hauptsächlich jüngerer Zielgruppen. In der ersten Stufe wurde eine Befragung anhand eines Fragebogens durchgeführt und die Ergebnisse wurden ausgewertet. In einer zweiten Stufe wurden dann Fokusgruppengespräche geführt mit den verschiedenen Altersgruppen: mit Jugendlichen, 30–40-Jährigen, 40–60-Jährigen und den über 60-Jährigen. Allen wurden zum einen die Ergebnisse der Befragung vorgestellt und zum anderen wurde nachgefragt, was diese Ergebnisse für die jeweiligen Altersgruppen bedeuten, was sie sich wünschen. ◄

Exkurs: Nutzer, Fast-Nutzer und Nicht-Nutzer

Die Instrumente des Fragebogens und der Gespräche können auf Mitarbeiter- und/oder Leitungsebene genutzt werden. Die Instrumente können aber auch auf der Ebene von Nutzern, Fast-Nutzern und Nicht-Nutzern angewandt werden. Nutzer sind dabei am einfachsten zu erreichen, denn sie kommen ja bereits in die Institution. Fast-Nutzer sind Nutzer, die in ähnliche Einrichtungen gehen – diese Fast-Nutzer sind aber schon einmal für den kulturellen Themenbereich sensibilisiert. Man findet die Fast-Nutzer bei anderen Institutionen. Und dann gibt es noch die begehrten Nicht-Nutzer – jede Institution möchte zu gerne wissen, wie man diejenigen, die noch nicht als Nutzer gewonnen wurden, in seine Institution lockt. Dazu muss man wissen, was der Nicht-Nutzer will – das schafft man nur durch wirklich aufwendige Methoden, der Befragung auf der Straße, dem zufälligen Ansprechen. Zu bedenken ist, dass der Nicht-Nutzer auch nicht unbedingt Lust hat, Fragen zu einem für ihn uninteressanten Thema zu beantworten. Es gilt also sehr kreativ vorzugehen, aber die Ergebnisse lohnen sich meist.

Beispiel Nichtnutzer

Das Institut für Kulturpolitik der Universität Hildesheim hat in einem Forschungsprojekt zum Kulturverhalten von Nicht-Kultur-Nutzern einen ungewöhnlichen Weg betreten. Die Forscher sind dort hingegangen, wo man die Kultur-Nutzer normalerweise nicht erwartet, zum Beispiel in einen Waschsalon oder in ein Fußballstadion. Außerdem haben sie sich Gewinnspiele und Lotterien in Einkaufszentren ausgedacht, bei denen die Menschen einfache Kulturfragen beantworten sollten und mit einer frisch gebackenen Waffel belohnt wurden. ◄

Peer Review

Es kann sehr sinnvoll sein, seine eigenen Projekte, sein Portfolio von Fachleuten aus anderen Kulturinstitutionen oder anderen Ländern betrachten zu lassen und das Feedback und die Ideen einzusammeln. Das Ganze wird oftmals in Form eines mehrstündigen Workshops gestaltet. Die Fachleute erhalten im Vorhinein Materialien und haben die Möglichkeit, sich mit den Inhalten auseinanderzusetzen. Bei dem Workshop selbst werden dann die relevanten Themenbereiche angesprochen, die Fachleute geben ein Feedback zu den vorhandenen Inhalten, aber auch Vorschläge für Verbesserungen. Hier kann man also von der Verbindung von Evaluation und Zukunftsarbeit sprechen.

Eine andere Spielart ist es, Fachleute aus anderen Genres zusammenzurufen und damit Erfahrungen und Ideen aus fremden Bereichen miteinzubeziehen. Dieses Zusammentreffen gibt oftmals interessante Einblicke.

Beispiel Peer Review

Für die Erarbeitung einer Marketingkonzeption für einen Studiengang veranstaltete die beauftragte Beratungsfirma einen halbtägigen Workshop mit Fachleuten aus angrenzenden Bereichen: Einer Fundraiserin aus dem Sozialbereich, einer Markengestalterin und einer Fachfrau für Kooperationsmarketing aus dem kommerziellen Kulturbereich. Diese gaben zunächst Feedback zu den bestehenden Maßnahmen und erarbeiteten dann Empfehlungen und Ideen zur Verbesserung. ◄

9.7 Beobachtungen

Gerade wenn es sich um Veranstaltungen handelt, bei denen die Besucher sich bewegen und sich Dargebrachtes in einem Rundgang anschauen, bietet sich die Beobachtung an. Vor allem in Museen, Ausstellungen, Kunstmärkten etc. sind Beobachtungen von großer Bedeutung, um zu erkennen, wie die einzelnen Exponate und der dramaturgische Aufbau der Ausstellung auf den Besucher wirken (Munro 2009, S. 44). Eingesetzt werden kann diese Methode aber auch in der Evaluation von Problemlösungskompetenzen von Führungskräften oder von Sitzungen, um beispielsweise deren Verlauf und die Effizienz der Sitzungsleitung zu beurteilen. Beobachtungen sind stärker subjektive Evaluationsformen, die im wahrsten Sinne des Wortes im Auge des Betrachters liegen – daher ist es hier besonders wichtig, einheitliche Indikatoren festzulegen und Merkmale zu beschreiben, nach denen

9.7 Beobachtungen

ausgewertet werden soll. Es bietet sich bei Beobachtungen auch an, die Ergebnisse in zwei Dokumente aufzuteilen – eines davon chronologisch aufzeichnend, was sachlich gesehen passiert ist und ein weiteres, in dem man die emotionalen Eindrücke aufschreibt (Flick 2009, S. 222). Dabei werden verschiedene Arten der Beobachtung unterschieden.

Meist werden diese Formen am schnellsten verständlich, wenn man sie am Beispiel von Ausstellungen betrachtet. Das soll im Folgenden der Fall sein:

Stationäre Beobachtung am Objekt

Wie der Name schon sagt, bleibt der Beobachter stationär bei einem Objekt der Ausstellung und betrachtet die Reaktionen der Besucher unabhängig vom Rest der Ausstellung. Es geht um die Faktoren der Anziehungskraft (Wie viele Besucher kommen in Relation zur Gesamtanzahl und verlässt der Besucher den vorgesehenen Weg, um schneller zu diesem Exponat zu kommen?) und der Haltekraft (Wie lange bleibt der Besucher, wie intensiv betrachtet er das Exponat, liest er den dazugehörigen Text? etc.). Denkbar wäre eine solche Beobachtung aber auch am Objekt in einem Büro, zum Beispiel eine Beobachtung der Raucherecke oder der Kaffeeküche. Hierbei geht es nicht um die Kontrolle, wie viel Zeit hier verbracht wird, sondern um die Strukturen der informellen Information und den Fluss von internem Austausch.

Tracking und Verlaufsbeobachtung

Beim Tracking wird eine Art Landkarte der Ausstellung oder des Weges durch das Haus aufgezeichnet – Welchen Weg nehmen die Besucher? Ist das Leitsystem durch das Haus, durch die Ausstellung schlüssig? Finden die Besucher ihren Weg? Wie lange dauert es, bis sich die Besucher zurechtgefunden haben? Diese Methode gibt Auskunft darüber, wie gut und effizient die Leitung durch das Haus funktioniert und lässt meist direkte Rückschlüsse auf die Zufriedenheit des Besuchers zu – nichts ist frustrierender, als nicht zu wissen, wo man etwas findet, das man sucht.

Beispiel Leitsystem

Das Community Center Barmbek Basch in Hamburg vereint soziale und kulturelle Einrichtungen in einem Haus mit mehreren Stockwerken. Um die Orientierung der verschiedenen Zielgruppen zu erleichtern, wurde ein Farbsystem für die einzelnen Stockwerke und Institutionen entwickelt – so können sich die Besucher anhand der Farben merken, wo sie im Gebäude hinmüssen. ◄

Die Verlaufsbeobachtung verbindet das Tracking mit der stationären Beobachtung am Objekt – hier werden ganze Zielgruppen durch das Haus oder die

Ausstellung verfolgt, nicht nur um zu dokumentieren, wie der Weg verläuft, sondern auch wie das Interesse, die Begeisterung etc. sich entwickeln und verändern.

> **Beispiel Tracking**
>
> eMotion ist ein Kunstforschungsprojekt im Bereich der Medienkunst, das die Erfahrung „Museumsbesuch" experimentell untersucht. Anstatt der zumeist eher kunsttheoretischen Diskussion zu Fragen der Wirkung von Kunst und Museum, eröffnet eMotion eine künstlerisch-empirische Perspektive. Im Zentrum steht die psychogeografische Wirkung des Museums und seiner Objekte auf das Erleben und das Entscheidungsverhalten der Museumsbesucher. Zur Anwendung kommen die tracking/tracing Technologie, die Messung der Herzrate, des Hautleitwerts und anderes. eMotion ist ein Forschungsprojekt des Instituts für Design- und Kunstforschung der Hochschule für Gestaltung und Kunst Basel FHNW. ◄

Als Vertiefung der Verlaufsuntersuchung kann die Beobachtung mit einem Interview verbunden werden – ein sogenanntes „begleitendes Interview" oder „Walking Interview". Dabei muss das Interview nicht von einem Beobachter durchgeführt werden. Man kann die Besucher zum Beispiel mit einem Aufnahmegerät ausstatten, welches ihre Worte während des gesamten Besuchs aufzeichnet. Der Beobachter notiert dazu ihre Wege und Aufenthalte. So ergibt sich ein noch intensiveres Bild des Besuchs.

Service Design Thinking – die Blueprint-Methode
Der Blueprint-Methode liegt zugrunde, dass von einer definierten Person, die die Sichtweise eines Besuchers einnehmen soll – dies kann ein Mitarbeiter, eine Führungsperson oder ein externer Experte sein –, virtuell ein Gang durch das gesamte Haus bzw. der gesamte Kommunikationsprozess mit einem Besucher durchgeführt wird, um herauszufinden, in welcher Qualität die Kontakte mit dem Besucher realisiert werden (zum besseren Verständnis siehe Abb. 9.4). Dieses Instrument kommt aus der Konsumforschung und wird sehr intensiv bei Supermärkten und deren Regalgestaltung eingesetzt, auch unter dem Begriff Service Design Thinking. Seit einigen Jahren hat es auch seinen berechtigten Weg in das Kulturmanagement gefunden. Besonders in Bezug auf den Service einer Einrichtung kann ein Blueprint einen sehr guten Einblick darin geben, welche Prozesse verbessert werden müssen.

Aber auch im Veranstaltungsmanagement ist es eine probate Methode, um eine Vorab-Evaluation zu machen und Fehler zu vermeiden.

9.8 Mehrdimensionale Untersuchung

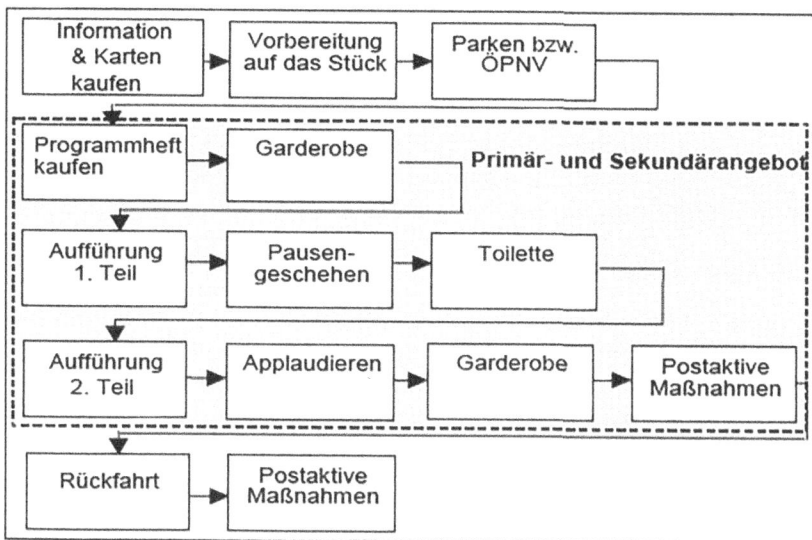

Abb. 9.4 Der Blueprint eines Theaterbesuchs. (Quelle: Krohn 2003, S. 15)

Entscheidend ist, dass diese Blaupause von Prozessen sozusagen aus der Vogelperspektive erstellt wird. Der Betrachter tritt einen Schritt vom realen Geschehen zurück und schaut auf die gesamte Struktur und die Abläufe der Prozesse. So betrachtet kommen in den meisten Fällen spannende neue Aspekte zum Vorschein, die man in der alltäglichen Arbeit nicht mehr beachtet hat.

Es gibt keine neueren veröffentlichten Beispiele zum Einsatz der Methode im Kulturbereich, auch wenn das Service Design Thinking immer wieder vereinzelt auftaucht.

Mit postaktiven Maßnahmen sind alle Maßnahmen gemeint, die nach dem Besuch durchgeführt werden – das Auslegen von direkten Hinweisen auf die nächste Veranstaltung, das Zusenden von Einladungen zu den nächsten Produktionen, das Abfragen von Zufriedenheit etc.

9.8 Mehrdimensionale Untersuchung

Für einige Designs von Evaluationen ist es sinnvoll, diese in verschiedenen Dimensionen durchzuführen. Dabei ist es entscheidend, dass man sich genau überlegt, welche Dimensionen miteinander verknüpft werden sollen. Hier können beispielsweise Wichtigkeit und Erfüllung genannt werden. Wenn also eine Mitarbeiterbefragung durchgeführt wird, dann ist es nicht nur gut zu wissen, dass dem Mitarbeiter eine geregelte Arbeitszeit wichtig ist, sondern auch, ob diese in seiner Abteilung eingehalten wird. Verknüpfungen von verschiedenen Ausprägungen führen zu völlig neuen Erkenntnissen und Einsichten. Daher ist bei Auswertungen von Fragebögen nicht nur die Auswertung der einzelnen Fragen wichtig, sondern auch die Verknüpfung verschiedener Fragen und Ausprägungen.

> **Beispiel Verknüpfung**
>
> Bei der Untersuchung der Nutzerzufriedenheit einer Bibliothek wurden beispielsweise die Frage nach dem Alter und die Frage nach den für sie interessanten Themen miteinander verknüpft. Ziel war es herauszufinden, ob die verschiedenen Altersgruppen klar zu unterscheidende Themenpräferenzen hatten. Im Ergebnis können solche Ergebnisse für einen zielgruppenorientierten Aufbau des Bestandes, aber auch der Marketingaktivitäten genutzt werden. ◄

Mehrdimensionalität kann aber auch bedeuten, dass verschiedene Instrumente miteinander in einem Evaluationsdesign verbunden werden – zum Beispiel im „Walking Interview" (siehe oben, Abschn. 9.7), bei dem das Interview mit der Beobachtung verbunden wird.

9.9 Balanced Score Card System (BSC) als Grundlage

Das Balanced Score Card System ist ein Weg, um einen umfassenden Blick auf eine Organisation zu werfen und bei der Steuerung des Unternehmens(-erfolges) alle steuerungsrelevanten Bereiche im Blick und somit das Unternehmen in einem Gleichgewicht zu halten.

Das System der Balanced Score Card berücksichtigt üblicherweise die folgenden vier Aspekte:

- Perspektive der Kunden: Zufriedenheit, Marktanteile, Image
- Perspektive der Finanzen: Einkommen, neue Finanzierungsquellen, Liquidität
- Interne Arbeitsprozesse: Innovation, interne Optimierung von Prozessen
- Lernen und Wachsen: Personal, Mitarbeiterzufriedenheit, Personalentwicklung

Dieses System kann auch als Grundlage genutzt werden für Evaluationssysteme in der Kultur – dabei können die vier betrachteten Aspekte dementsprechend adaptiert werden (Abb. 9.5).

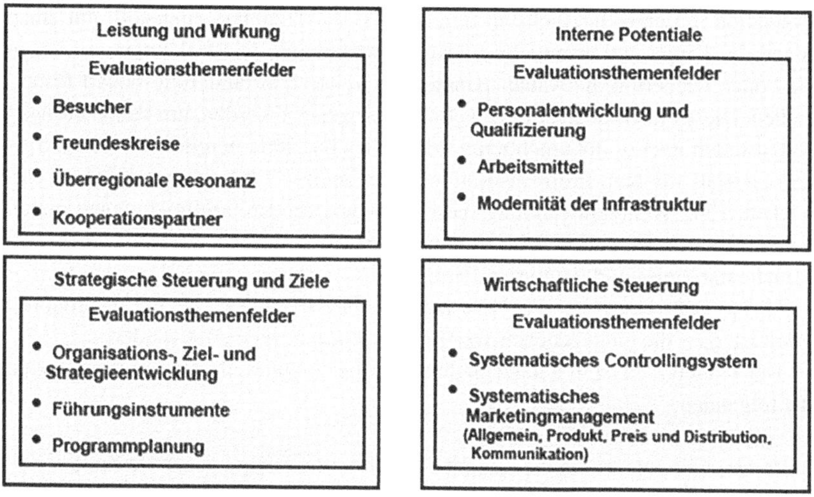

9.10 Organisational Capacity Assessment

Leistung und Wirkung
Evaluationsthemenfelder
- Besucher
- Freundeskreise
- Überregionale Resonanz
- Kooperationspartner

Interne Potentiale
Evaluationsthemenfelder
- Personalentwicklung und Qualifizierung
- Arbeitsmittel
- Modernität der Infrastruktur

Strategische Steuerung und Ziele
Evaluationsthemenfelder
- Organisations-, Ziel- und Strategieentwicklung
- Führungsinstrumente
- Programmplanung

Wirtschaftliche Steuerung
Evaluationsthemenfelder
- Systematisches Controllingsystem
- Systematisches Marketingmanagement (Allgemein, Produkt, Preis und Distribution, Kommunikation)

Abb. 9.5 Die vier Bausteine des Evaluations-Baukastens. (Quelle: Gesa Birnkraut und Volker Heller, Evaluation als Grundlage und Instrument kulturpolitischer Steuerung)

Beispiel BSC als Grundlage

Für die Senatsverwaltung für Kultur in Berlin wurde 2008/2009 ein System der Evaluierung für die institutionell geförderten Kultureinrichtungen entworfen, dass die BSC als Grundlage hatte (Birnkraut/Heller 2008). Es handelte sich um eine Mischung aus Eigen- und Fremdevaluation. Zunächst gab es anhand der Fragebögen zu den vier Bereichen eine EIgeneinschätzung, die dann gekoppelt wurde durch Gespräche/Rückkopplungen mit der Verwaltung. Dabei besteht das System aus vier Bausteinen, die jeweils unterschiedliche Themenfelder vereinen. Für jedes Themenfeld wurde ein Fragebogen erstellt. Das System ist komplex, kann aber pro Jahr auch fokussiert werden auf einen oderzwei Bausteine. ◄

9.10 Organisational Capacity Assessment

Übersetzt könnte man es eine institutionelle Kompetenzanalyse nennen. Bei dem Instrument des Capacity Assessment geht es darum herauszufinden, wie die Organisation bei bestimmten Themen aufgestellt ist. Es werden durch eine Selbstevaluation in unterschiedlichsten Bereichen Einschätzungen eingeholt, um einen Stand der Dinge und eventuelle Lücken zu definieren. Diese definierten Lücken sind dann wiederum die Anhaltspunkte, um weiteren Veränderungsbedarf festzustellen. Dieses Instrument sollte regelmäßig eingesetzt werden, um Veränderungen festzustellen und zu dokumentieren. McKinsey hat 2001 bereits ein solches System speziell für Non-Profit-Institutionen für Venture Philanthropy Partners entwickelt. Eine Weiterentwicklung dieses Systems für Kultureinrichtungen wurde von der Autorin im Auftrag der Nordmetall-Stiftung im Jahr 2013 erstellt (in Absprache mit Venture Philanthropy Partners).

Dieses Self-Assessment-Tool basiert auf einer Excel-Tabelle, die so programmiert ist, dass die eingegebenen Werte automatisch ausgewertet werden.

Der Fragebogen ist in unterschiedliche Bereiche unterteilt. Diese Bereiche sind die folgenden:

Leitbild – hier geht es um die Bereiche Mission, Vision und generelle Ziele
Strategie und Programm – betrachtet werden die Aspekte Strategie, Werte und Grundsätze, Monitoring des Marktes, Programm-/Projektrelevanz, Entwicklung neuer Programme/Projekte.
Struktur – untersuchte Bereiche sind hier Ziele, operative Planung, Arbeitsprozesse, Entscheidungen
Finanzen – Budgetplanung, Finanzplanung, operatives Finanzmanagement
Vorstand und Ehrenamt – ehrenamtlicher Vorstand, Governance des Vorstandes, Mitglieder, Ehrenamtliche, Freundeskreise
Personal und Führung – Entwicklung/Rekrutierung, Planung, Stellenplanung, Organigramm
Projektmanagement – interne Kommunikation, Projektmanagement
Besucher – Besucherbefragung, Audience Development, Verknüpfung mit Marketing
Kommunikation – Presse- und Öffentlichkeitsarbeit, Marketing, Datenbank, Material, Markenbildung, Zielgruppen, Kommunikationsplanung, Website
Fundraising – Vorstand und Fundraising, Fundraising-Kompetenzen, Fundraising-Infrastruktur, Spender-Struktur, Fundraising-Strategie, eigenes Einkommen
Kooperationen – Interessensvertretung, politisches Lobbying, Präsenz in lokalen Netzwerken, Nutzen von Netzwerken, Ressourcen für Kooperationen, Umgang mit Sponsoren
Evaluation – Evaluationssystem, Evaluation und lernende Organisation, Wissensmanagement

9.10 Organisational Capacity Assessment

Die vorliegenden Kompetenzen der Institution in den verschiedenen Bereichen werden in unterschiedlichen Abstufungen abgefragt. Hier ein Beispiel aus dem Bereich Fundraising:

Fundraising-Kompetenzen	Generell schwache Fundraising-Kompetenzen und Fehlen von Expertise. Es wird nicht ausreichend Zeit für Fundraising eingesetzt	Die Hauptbedarfe des Fundraisings sind gedeckt mit einer Mischung aus internen und externen Mitteln. Es wird nicht ausreichend Zeit von den Mitarbeitern für das Thema eingesetzt. Das Fundraising ist zu abhängig von den Vorgaben/ Initiativen des Managements	Reguläre Fundraising-Bedarfe sind gedeckt durch gute interne Fundraising-Kompetenzen, ausreichend Ressourcen werden für das Thema eingesetzt, aber die Geschäftsführung setzt in Relation zu viel Zeit für das Thema ein	Gut ausgebildete Fundraising-Kompetenz vorhanden. Externe Hilfe wird für außergewöhnliche Aktionen hinzugezogen, die Arbeitszeit der Leitung wird strategisch eingesetzt und es gibt genug Ressourcen für das Fundraising bei den Mitarbeitern

Die Institution wählt nun das Level aus, indem sie die Kompetenzen einstuft. Am Ende der Selbstevaluation liegt der Institution eine Auswertung vor, die verdeutlicht, welche Bereiche schon gut laufen und in welchen Bereichen Veränderungsbedarf vorliegt und Verbesserungen angegangen werden sollten. Anhand dieser Ergebnisse kann die Institution ihre strategischen Ziele für die nächsten Jahre anpassen.

Beispiel assessment

Die OECD hat zusammen mit ICOM im Kontext von Museen und lokaler Entwicklung ein organisational assessment entwickelt, das nicht nur das Museum selbst ausfüllt. In Ergänzung werden auch diverse stakeholder von aussen befragt und bewerten, wie die Museen in ihrer Wichtigkeit der lokalen Vernetzung zu sehen sind. Das Projekt war ein weltweiter Pilot, aus dem ein Leitfaden entstanden ist, der mit allen Museen eingesetzt werden kann. Der Schwerpunkt liegt dabei auf der aktiven Rolle, die Museen in der lokalen Entwicklung spielen können – in Bezug auf Stadtentwicklungsfragen und in Bezug auf die Vernetzung mit anderen Akteuren der Stadtgesellschaft (z. B. soziale Einrichtungen, Bildungseinreichtungen, etc.). Das daraus entstehende 360° Feedback kann zu aufschlußreichen Ergebnissen führen. (OECD/ICOM 2019) ◄

Beispiel assessment

Die Nordmetall-Stiftung setzt das Instrument bei einigen ihrer Förderpartner ein, um diese in der Professionalisierung zu unterstützen. Die Beziehung zwischen der fördernden Stiftung und der Institution wird also weiterentwickelt von einer rein gebenden Funktion zu einer professionalisierenden Partnerschaft. Durch einen externen Berater wird zusammen mit der Institution das Self-Assessment ausgewertet und Bereiche definiert, in denen Verbesserungen/Veränderungen gesehen werden. Durch die Nordmetall-Stiftung finanziert entsteht dann ein Coachingprozess, in dem die externe Beratung der Institution hilft, sich selbst zu verbessern und damit auch nachhaltig seine Positionierung im kulturellen Markt zu stärken. ◄

Kleine Helfer 10

Im Folgenden werden kleine, aber feine Methoden und Instrumente vorgestellt, die auf kreative Weise Fragen beantworten können oder aber helfen, in Interaktion mit den Besuchern zu treten. Hier wird verdeutlicht, dass nicht immer eine groß angelegte, formvollendete Evaluation notwendig ist, um Aussagen zu einem bestimmten Punkt zu erhalten.

Papieraufkleber
Die Aufkleber werden benutzt, um die Gesamtzahl der Besucher zu zählen – verschiedene Farben können für verschiedene Gruppen genutzt werden (z. B. Rot für Kinder, Blau für Erwachsene). Die Aufkleber werden jedem, der kommt, gegeben. Wichtig ist nicht, dass die Besucher die Aufkleber tragen, sondern dass sie von einem Aufkleberblock abziehbar sind, denn so sieht man an den verbleibenden, wie viele verteilt wurden.

Nummernzähler
Bekannt aus den Sportstadien – die Ticketabreißer am Eingang klicken bei jedem Besucher auf ein automatisches Zählgerät.

Kamera und Video
Bei unübersichtlichen Veranstaltungen kann ein Video genutzt werden, um einen visuellen Gesamteindruck zu erhalten und eventuell Besucher zu zählen. Mit dem Ziel, Besucher zu zählen, wird ein Ausschnitt aus dem Video genutzt, um eine Circa Anzahl der Besucher zu zählen und dann auf die Gesamtanzahl hochzurechnen.

Graffiti-Wand, Gästebuch und Post-it-Zettel
Diese offenen Kommunikationsinstrumente werden eingesetzt, um ein direktes, ungesteuertes Feedback der Besucher zu bekommen. Eine Graffiti-Wand hat z. B. bei jungen Leuten den Vorteil, dass mehrere gleichzeitig daran arbeiten können und diese ein offenes Forum ist. Eine Abwandlung dessen kann sein, dass man eine gezielte Frage auf die Tafel schreibt, auf die man als Veranstalter eine Antwort haben möchte. Auch hier ergeben diese Instrumente nur Sinn, wenn eine vernünftige Auswertung erfolgt.

Zielscheiben
Die Zielscheibe ist ein einfaches Instrument, um Zufriedenheiten abzufragen. Wie auf einer Schieß-Zielscheibe bilden die Kreise die Zufriedenheit von „sehr gut" bis „gar nicht" ab und die Tortenstücke können die verschiedenen, abzufragenden Themen (Service, Stück etc.) repräsentieren.

Presseclipping
Ein Presseclipping ist die Sammlung aller veröffentlichten Presseberichte. Diese Berichte werden eingeteilt in Ankündigungen und Rezensionen/Berichterstattungen. Jeder Ausschnitt wird auf eine Seite aufgeklebt oder gescannt. Ergänzt werden der Name des Mediums, das Erscheinungsdatum, die Auflagenhöhe und, wenn vorhanden, der Anzeigenäquivalenzwert (= Wie teuer wäre eine gleich große Anzeige in dem Medium?). Presseclippings sagen etwas über die Wahrnehmung durch die Presse aus, aber gegebenenfalls auch darüber, wie sehr sich das finanzielle Budget für die Pressearbeit gelohnt hat. Es handelt sich um eine subjektive Auswertung, die aber in der Innen- und Außenwahrnehmung als durchaus wichtig angesehen werden kann.

Beobachtung
Durch Beobachtung der Besucher vor der Veranstaltung, in den Pausen und nach der Veranstaltung bekommt man einen guten Eindruck über die Nutzung des Hauses, die Ströme der Besucher und das Verhalten dieser. Optimal ist es, wenn die Durchführung zusammen mit einer Befragung erfolgt. Diese Methode sollte auf jeden Fall eingesetzt werden, wenn nach baulichen Veränderungen neue Gebäudeteile eingeweiht werden oder nachdem Änderungen an der Inneneinrichtung vorgenommen wurden (siehe auch ausführlich Abschn. 9.7). Diese Beobachtungen können auch durch softwaregesteuerte Aufnahmen im Schnellraffer durchgeführt werden.

Websites, Chatrooms, E-Mail, soziale Medien
Meist anonyme Feedbackinstrumente, die inzwischen schon fast zum Standard jeder Einrichtung gehören sollten.

Landkarte der Emotionen

Teilnehmer werden gebeten, ihren Körper lebensgroß als Umriss auf Papier abzuzeichnen (Dieses Instrument ist eher bei Jugendlichen einsetzbar). Dann werden Fragen gestellt, die auf den Körper und seine Emotionen zugeschnitten sind und ebenfalls zu Papier gebracht werden sollen: „Was lässt Dein Herz höherschlagen?", „Was liegt Dir schwer im Magen?", „Wovon bekommst Du Schmetterlinge im Bauch?" Damit können qualitative Aussagen zu Themen getroffen werden, die wiederum für die inhaltliche Ausgestaltung von Seminaren, Programmen etc. wichtig sein können.

Emotionale Abfrage

Manchmal lohnt es sich, in einem Fragebogen – oder auch an einer Graffiti-Wand – einfach eine emotionale Abfrage zu stellen, um einen Eindruck der Gefühle zu erhalten, die mit der Institution assoziiert werden. Ein Beispiel könnte sein: „Welche Adjektive verbinden Sie mit unserer Einrichtung?" Diese Frage kann auch in Fragebögen gestellt werden. Die genannten Adjektive können dann digital als Wortwolke ausgewertet werden. Vorab kann mit der Institution gesprochen werden, welche Adjektive sie selbst sehen würden, wenn sie sich beschreiben müssten. Im Nachgang können dann beide Wortwolken gegenübergestellt und Eigen- und Fremdwahrnehmung miteinander verglichen werden.

Concept Mapping

Hierbei handelt es sich um ein Instrument, das meist bei einer Vorab-Evaluation eingesetzt wird. Besucher bekommen ein Blatt Papier, auf dem sie zu einem bestimmten Begriff (z. B. Interkulturelle Arbeit) all ihre Assoziationen, Ideen, Bilder, Emotionen etc. aufschreiben sollen. Diese Worte werden dann als Basis für ein offenes Interview genommen. Jeder der Begriffe wird nachgefragt und Details und Erklärungen in einer anderen Farbe dazu geschrieben – so gibt das Blatt tiefe Einblicke in die Assoziationen zu einem Thema und damit Ansätze zum Umgang mit diesem Thema.[1]

Mystery-Besucher

Das Instrument des Mystery-Shoppers kommt aus der Konsumgüterindustrie, wo externe Prüfer sich als normale Kunden ausgeben, um zu prüfen, wie der Service in einem Geschäft oder die Qualität des Essens in einem Restaurant ist. Dies kann man unproblematisch auch für den Bereich der Kulturinstitutionen übernehmen.

---

[1] Laut Reussner 2010, S. 187 wurde das Konzept von John Falk vom Institut for Learning Innovation Ende der 1990er-Jahre eingeführt.

Durch einen Mystery-Besucher kann man den Service des Museumsshops prüfen, die Schnelligkeit der eigenen Telefon-Hotline, die Freundlichkeit des Kassenpersonals oder die Sachkompetenz der Mitarbeiter im Abonnementbüro. Auch hier gibt es eine dünne Grenze zwischen Kontrolle und Verbesserung. Sinnvoller ist es, dieses Instrument nicht als reine Kontrolle einzusetzen, sondern als Mittel der Verbesserung und der Horizonterweiterung. So kann man die eigenen Mitarbeiter auch auffordern, als Mystery-Besucher in eine andere Institution zu gehen, um einfach einmal den Blick des Besuchers zurückzugewinnen und zu sehen, wie andere Institutionen arbeiten.

Zeitplan-Feedback
Der Zeitplan eines Projektes wird als Zeitlinie auf einem großen Papier aufgemalt. So kann es bei einem Seminar zum Beispiel um folgende Phasen gehen: Entwicklung des Curriculums, Inhalte festlegen, Marketing starten, Anmeldungen annehmen, Seminar durchführen, Nachbereitung. Entlang dieses Zeitplans schreiben alle mit Stiften, Bildern, Anmerkungen ihre Einschätzungen und Probleme, Bedenken und Erfahrungen an die jeweiligen Phasen. Dies ist besonders hilfreich, wenn ein Projekt an ein neues Team übergeben werden soll oder ein einmal durchgeführtes Projekt in eine Wiederholung geht.

Moving Answers oder Soziodemografische Aufstellung
Der Moderator oder Sitzungsleiter aktiviert die Meinungsbildung und Diskussion durch Aussagen zur Situation und belegt bestimmte Plätze im Raum mit Positionen der Zustimmung oder Ablehnung. So kann zum Beispiel zu Beginn eines Workshops die Frage gestellt werden: „Wie fühlen Sie sich in dem Prozess momentan?" Mögliche Antworten sind: A: Ich fühle mich hervorragend informiert und sehr wohl und freue mich auf den Workshop. (Dann gehen Sie bitte in die linke Ecke des Raumes), B: Ich weiß nicht recht, was ich erwarten soll. Ich habe zwar die Unterlagen erhalten, habe mich aber nicht intensiv damit auseinandergesetzt und bin dementsprechend meinungslos. (Dann bleiben Sie in der Mitte des Raumes) oder C: Ich fühle mich überhaupt nicht wohl. Ich bin nicht informiert worden. Ich habe das Gefühl, dass hier Dinge gewollt werden, die mir schaden können und dazu bin ich nicht bereit. (Dann stellen Sie sich in die rechte Ecke des Raumes). Zum einen heißt es nun, Farbe bekennen und zum anderen kann man diese Methode nutzen, um die Diskussion untereinander anzufachen.

Die 100 %-Skala
Die Ziele des jeweiligen Projektes werden auf ein großes Stück Papier geschrieben und unter jedes Ziel wird eine Skala von 0 bis 100 % aufgemalt. Nun wird jeder

Teilnehmer gebeten, den Prozentsatz zu markieren, von dem er meint, dass das jeweilige Ziel erfüllt worden sei. Im Anschluss wird dann um Kommentare zu den Ergebnissen gebeten.

Vorher/Nachher Abfrage
Die Skalenabfrage kann sehr gut für eine klassische Vorher/Nachher Abfrage genutzt werden. So kann zu Beginn der Veranstaltung/des Besuchs die Frage gestellt werden, wie man seinen eigenen Wissensstand zu dem jeweiligen Thema auf einer Skala von 1–10 einschätzt. Dieselbe Frage wird dann am Ende der Veranstaltung/ des Besuchs noch einmal abgefragt und so der Unterschied dokumentiert. Dies kann je nach Zielgruppe entweder haptisch auf Papier passieren oder aber digital durch Programme wie Mentimeter. Jedes Instrument, was man digital einsetzen kann erleichtert am Ende auch die Auswertung. Diese Vorher/Nachher Abfragen können ganz hervorragend nicht nur für Wissensvermittlung, sondern auch für Veränderung von Verhalten eingesetzt werden. So kann bei einer Ausstellung zum Thema fast fashion/slow fashion z. B. die Einstellung zum Einkaufsverhalten vorher und nachher abgefragt werden.

Müllmann
Ein kleines, aber feines Instrument ist der Müllmann. Auf einem Blatt Papier wird ein Mensch aufgemalt, der ein Herz gemalt bekommt, einen Beutel an der Hand trägt und neben sich einen Papierkorb stehen hat. Nun werden die Teilnehmenden gebeten, auf Post-its folgende Dinge niederzuschreiben und dann auch aufzukleben: 1. Was bleibt Ihnen im **Kopf** (Kopf des Menschen auf dem Plakat) – welche Dinge waren für Sie so relevant, dass Sie diese sofort einsetzen werden, wenn Sie wieder im Alltag sind? 2. Was geben Sie an Inhalten in Ihren **Beutel** (Beutel auf dem Plakat) – welche Dinge fanden Sie interessant, können Sie aber momentan nicht gebrauchen? 3. Welche Dinge werfen Sie in den **Mülleimer** (Mülleimer auf dem Plakat) – was sind Dinge, die Sie nicht gebrauchen können und die für Sie nicht relevant waren? 4. Welche Dinge sind Ihnen ans **Herz** gewachsen (Herz auf dem Plakat) – was waren tolle emotionale Momente, was haben Sie besonders geschätzt an der verbrachten Zeit?

Als Abwandlung für ein kulturelles Publikum, dass nicht gern mit direkter Kritik umgeht, kann mit dem Bild der Insel gearbeitet werden. Das Wissen, was man als wichtig erachtet und nutzen will, behält man auf der Insel. Das Wissen, dass zwar wichtig erscheint, aber momentan nicht genutzt wird, verankert man im seichten Wasser um die Insel herum. Und das Wissen, was man nicht braucht, lässt man in die Weite des Meeres gehen, sodass auch noch andere davon profitieren können.

Dieses Instrument gibt in sehr kurzer Zeit einen guten Aufschluss über die Stimmung in einem Seminar, einem Workshop.

Journaling
Um einen Lernprozess kontinuierlich festzuhalten oder auch einen Prozess zu begleiten ist das Instrument des Journalings eine gute Möglichkeit. Hierbei werden von den Teilnehmenden begleitend Lerntagebücher/Journale geführt. In den meisten Fällen wird man den Teilnehmenden einige wenige Leitfragen mitgeben, zu denen sie immer wieder den Stand der Dinge aufschreiben. Dieser kontinuierliche Abgleich während des Projektes führt zu einer hohen Reflexion für die Teilnehmden und zu einer formativen Betrachtung des Prozesses für das Evaluationsteam. Leitfragen können sein: Wie hat sich in den letzten Tagen/Wochen der Prozess des Projektes verändert? Was hat sich in Bezug auf den eigenen Lernprozess verändert? Natürlich wird das ergänzt/ersetzt durch projektspezifische Fragen.

Wirkungen und Veränderungen durch Evaluation 11

Evaluation, Controlling, Monitoring – allen diesen Begriffen wird in deutschen Kulturinstitutionen noch immer oft mit Sorge, Zweifel, Unverständnis und Ablehnung begegnet. Und sicherlich wird man immer ein Beispiel finden, bei dem man sagen kann: „Das war doch reine Kontrolle, so viel Aufwand und was hat es gebracht? Gar nichts!" Wenn man diese Beispiele aus seinem Umfeld betrachtet, dann wird man feststellen, dass dies in den meisten Fällen Evaluationen waren, die von außen vorgeschrieben wurden, die verlangt wurden, ohne dass die internen Bedarfe und Notwendigkeiten der Institution beachtet wurden.

Interne und externe Wirkungen
Die Sorge vor den Folgen bedeutet doch auch die Sorge, dass etwas aufgedeckt werden könnte, was nicht aufgedeckt werden soll oder dass Kennzahlen benutzt werden, die nicht zum Kulturbereich passen – also zum Beispiel eine rein finanzielle Betrachtung der Wirksamkeit. Diese Sorge bedeutet wiederum, dass die Institution sich selbst nicht gut genug kennt. Wenn man seine Institution/sein Unternehmen kennt, seine eigenen Prozesse regelmäßig einer Prüfung unterzieht und sich mit sinnvollen Kennzahlen auseinandersetzt, dann gibt es wenig Grund, sich einer externen Evaluation zu widersetzen. Viel wichtiger noch – man besitzt durch die eigenen durchgeführten Evaluationen das Wissen und die Kompetenz, sich in Argumentationen mit den externen Stellen zu begeben, die Kontrolle ausüben – zum Beispiel der Politik und der Verwaltung. Die Institution muss dann nicht mehr ablehnendes Verhalten an den Tag legen, das von Unprofessionalität und Unwissenheit zeugt, sondern sie ist in der Lage zu argumentieren, warum ein anderes Design, eine andere Kennzahl sinnvoller wäre.

Reine Ablehnung ohne triftige Gegenargumentationen reicht in der kulturpolitischen Diskussion nicht aus. Jede Institution, die sich selbst auf die Reise macht, Evaluationen zu nutzen, um sich selbst zu verbessern, wird sich damit einen sichereren und stärkeren Stand erarbeiten.

Museen, die Publikumsforschung in kontinuierlicher Weise betreiben, sagen, dass die Ergebnisse dieser Forschung in allen Fällen zu fundierteren Entscheidungsfindungen führen, in über der Hälfte der Fälle zu einer verbesserten Finanzsituation und in der Hälfte der Fälle zu einem größeren Erfolg des Museums (Reussner 2010, S. 219). Wenn man diese Erfahrung in Relation setzt zu dem eingesetzten Geld, sieht man die positive Relation zwischen Einsatz und Nutzen.

In Bezug auf das Ergebnis einer verbesserten Finanzsituation hilft vielleicht folgendes Bild zum besseren Verständnis: Je knapper das Budget einer Institution, desto stärker wird sich die Institution auf bestimmte Bereiche fokussieren müssen. Nicht alle geplanten Aktivitäten werden realisierbar sein. Die Investition in eine Evaluation kann nun genau die Aktivitäten definieren, die entscheidend sind für Besucher, Mitarbeiter und Künstler. Der Einsatz eines Budgets für eine zielgerichtete Evaluation kann also langfristig helfen, die Institution noch genauer an den eigenen Zielen auszurichten.

Veränderungen herbeiführen
Evaluationen sollten immer in Bezug auf mögliche Veränderungen betrachtet werden. Der momentane Zustand ist ein Istzustand, der im Streben nach Erreichung der gesetzten Ziele verändert werden kann. Die Evaluation ist eine Methode, um diese Veränderung herbeizuführen. Der Wille nach Veränderung sollte beim Evaluationsdesign genauso wie bei der Planung des Ablaufes und der Methoden – bereits mitbedacht werden.

Um einige Beispiele für Evaluationsdesigns aufzuzeigen, kann man die Erkenntnisse aus den vorherigen Kapiteln zusammennehmen. Dann ergibt sich folgende Tabelle, die deutlich macht, wie Indikatoren, Instrumente und Veränderungen beispielsweise ineinandergreifen können.

Die Tabelle zeigt auch, welche Ebenen nun mit welchen messbaren Kennzahlen/Indikatoren belegt werden können – in Bezug zu Projekten und Institutionen. Die Definitionen zu Input, Output, Outcome und Impact sind in Kap. 5 zu finden.

11 Wirkungen und Veränderungen durch Evaluation

	Projekte	Institutionen
Input	**Ziel:** *Effektiver Einsatz der Fördergelder* **Instrument:** *z. B. Finanzabschlussbericht, Datenanalyse* **Inputorientierte Kennzahlen:** z. B. tatsächlich eingesetzte Stunden in Relation zu den angebotenen Stunden, tatsächliches Sachkostenbudget in Relation zur Ursprungskalkulation **Mögliche Veränderung:** Lerneffekt für nächste Projekte in Bezug auf den Umgang mit Ressourcen *Ziel: Wirkung der Werbemaßnahmen sichtbar machen* *Instrument: Besucherbefragung, Fragebogen, MSC* **Inputorientierte Kennzahlen:** Aufmerksamkeit/Wirksamkeit von Werbung (Input), z. B. Plakate, in Bezug zu den entstandenen Kosten **Veränderung:** Anpassung des Budgets für Werbeaktionen nächster Projekte	
	Projekte	Institutionen
Output	**Ziel:** *Relation der Eigeneinnahmen und der Drittmittel analysieren* **Instrument:** *Finanzabschlussbericht, Datenanalyse* **Outputorientierte Kennzahlen:** z. B. Auslastung, Relation zwischen Einnahmen und öffentlichen Mitteln, Relation zwischen Einnahmen und Sponsorenmitteln **Veränderung:** Argumentationen für kommende Projekte, Erfahrungen für das Einwerben von Sponsorenmitteln *Ziel: Wirkungen der Pressearbeit sichtbar machen* *Instrument: Pressespiegel, Datenanalyse* **Outputorientierte Kennzahlen:** Zahl der Nennungen der Sponsoren, Anzahl der Artikel **Veränderung:** Erfahrungen und Veränderungen der Pressearbeit und der Kommunikation mit Sponsoren *Ziel: Zusammensetzung der Zielgruppe sichtbar machen* *Instrument: Besucherbefragung, Fragebogen* **Outputorientierte Kennzahlen:** Zahl der Besucher, soziodemografische Daten der Besucher und damit das Zeichnen der Zielgruppe **Veränderung:** Anpassung der Sponsorenstrategie, Erfahrungen für Werbestrategie und programmatische Überlegungen	
	Projekte	Institutionen
Outcome	**Ziel:** *Wahrnehmung im Referenzsystem sichtbar machen* **Instrument:** *Pressespiegel, Datenanalyse* **Outcomeorientierte Kennzahlen:** Qualität der Artikel und Aussage des Referenzsystems (der Kritiker) **Veränderung:** Wahrnehmung des Referenzsystems beeinflusst programmatische Überlegungen, Erfahrung und Einfluss auf die Pressestrategie *Ziel: Zufriedenheit der Besuche sichtbar machen* *Instrument: Besucherbefragungen, Fragebogen, Gespräch, MSC, AI, etc.* **Outcomeorientierte Kennzahlen:** Zufriedenheit der Besucher mit Service und Kommunikation, Erwartungen in Relation zu erfüllten Erwartungen **Veränderung:** Erfahrung und Veränderung des Besucherservices und der Kommunikation	

(Fortsetzung)

	Projekte	Institutionen
Impact	*Ziel: Veränderungen der Besucher sichtbar machen* *Instrument: Besucherbefragung, Fragebogen, Beobachtung, MSC, Ai, etc.* **Impactorientierte Kennzahlen:** wiederholte Befragung von Teilnehmern, um Veränderungen festzustellen **Veränderung:** Erfahrung und Veränderung der pädagogischen Programme, der Inhalte; nutzbar als politisches Argument *Ziel: Führungskultur sichtbar machen* *Instrument: Mitarbeiterbefragung, Fragebogen, MSC, AI, etc.* **Impactorientierte Kennzahl:** Zufriedenheit mit Führung **Veränderung:** Erfahrung und Veränderung der Führung	

Empfehlungen an Kulturinstitutionen und Kulturpolitik 12

Wer die kulturelle Lage in Deutschland genauer betrachtet stellt unschwer fest, dass die Zeit der unerschöpflichen Budgets lange vorbei ist. Im Gegenteil – Budgets werden gestrichen und in Zeiten der Finanzkrise, erhöhter Staatsverschuldung und multiplen Krisen werden immer weitere Einschnitte in öffentliche Budgets zu erwarten sein. Deutschland steht im Vergleich zu vielen anderen Ländern noch deutlich besser da. Aber es werden auch hierzulande immer stärker kulturpolitische Entscheidungen gefordert sein, um weitere Kürzungen vorzunehmen.

Hier entstehen einige Schwierigkeiten, denn fraglich ist, wonach sich solche Entscheidungen richten. Wenn man sich die momentanen Auswirkungen von Sparmaßnahmen anschaut[1] und die Reaktionen der Politik betrachtet, sieht es oft so aus, als ob jene Institutionen, die die beste Lobby, den stärksten Freundeskreis, die größte Fangemeinde, die intensivsten Kontakte zur Presse haben, auch diejenigen sind, denen Sparmaßnahmen am wenigsten ausmachen können. Kaum wird in der Öffentlichkeit von Sparmaßnahmen gesprochen, verschanzen sich die Kulturpolitiker hinter nicht immer rationalen Argumentationsketten. Die politischen Entscheider trauen sich nicht, die aktuellen Probleme beim Namen zu nennen und politisch unbequeme Lösungen zu vertreten. Oder aber es werden, wie im Falle von Schleswig-Holstein, grundsätzlich allen Institutionen 10 % des Budgets gestrichen (Schleswig-Holstein 2010) – eine Maßnahme, die auf Dauer dazu führt, dass alle Institutionen handlungsunfähig werden.

---

[1] Der Deutsche Kulturrat erstellt immer wieder aktualisierte rote Listen der bedrohten Kultureinrichtungen, zu finden unter: https://www.kulturrat.de/thema/rote-liste-kultur/.

Insofern sollte man beachten, dass jede durchgeführte Evaluation immer auch, neben der Möglichkeit der fachlichen Verbesserung, ein politischer Prozess sein wird. Daher wird Evaluation in Zukunft in der Kulturpolitik ebenso ein integraler Bestandteil sein, wie es zur pädagogischen Professionalität in der Kulturarbeit gehören wird, sich Rechenschaft über die Bildungswirkungen von Kunst abzulegen (Fuchs 2004). – Diese Aussage von Max Fuchs aus dem Jahr 2004 hat noch immer Bestand und hat sich nicht verändert.

Die Entwicklungen der letzten Jahre fordern von beiden Seiten Verhaltensänderungen – vonseiten der Institutionen und vonseiten der Kulturpolitik.

12.1 Empfehlungen für die Institutionen

Evaluation als gängiges Instrument
Institutionen sollten Evaluation noch viel stärker als normales Instrument einsetzen, um sich selbst zu überprüfen und zu prüfen. Dies kann zu einer besseren und intensiveren Auseinandersetzung mit den gegebenen Inhalten und Aufträgen führen.

Zielsetzungen
Es ist zu beobachten, dass noch immer viele Institutionen keine festen, verbindlichen und verschriftlichten Ziele für ihre Institution aufgesetzt haben. Damit wird deutlich, dass sie zwar den öffentlichen Auftrag verfolgen, sich aber nicht festlegen auf Ziele, an denen sie gemessen werden können. Dabei ist die Zielausrichtung intern wie extern zu betrachten.

Interne Ziele, die immer auch externe Ziele beinhalten können, verfolgen den Zweck, dass alle Mitarbeitenden – egal ob im künstlerischen, im verwalterischen oder im ökonomischen Bereich – deutlich vor Augen haben, was erreicht werden soll und kann. Die Messung der Qualität der einzelnen Abteilungen, der internen Kommunikationswege und der Effektivität von Prozessen kann dazu führen, dass eine Organisation stärker realisiert, was alles zu der Erfüllung des öffentlichen Auftrages dazugehört. Die Organisation ist sich selbst stärker bewusst, wie sie funktioniert und alle Mitarbeiter ziehen an einem Strang.

Externe Ziele wiederum, die immer auch interne Ziele beinhalten können, zeigen nach außen – meist den Fördergebern, aber auch der Politik –, dass der öffentliche Auftrag ernst genommen wird. Die Institution macht sich mit kommunizierten Zielen nach außen hin transparenter und angreifbarer, verringert aber deutlich

12.1 Empfehlungen für die Institutionen

die Möglichkeit, Maßnahmen zu ergreifen, die für die Außenwelt unvorhergesehen und nicht durchschaubar sind. Hier ist immer auch die Frage der Wirksamkeit zu bedenken. Welche Wirkung die Institution bewirken will hängt wiederum eng mit den gesetztem Zielen zusammen.

Verbesserung der Führung

Die zuvor genannten Empfehlungen werden nur in Institutionen greifen, in denen die Führung sich ihrer Aufgaben neben der künstlerischen Leitung bewusst ist. Die Führung einer Institution muss bereit sein, sich ihren eigenen Schwächen und Stärken zu stellen. Das Bewusstsein, neben der wissenschaftlichen oder künstlerischen Leistung auch verantwortlich für die Gesamtleistung der Organisation zu sein, muss verstärkt werden. Die Leitung eines Hauses ist genauso verantwortlich für die Motivation der Mitarbeiter, die guten Strukturen und die funktionierenden Kommunikationsprozesse im Haus. Auch wenn es einen kaufmännischen Direktor gibt, so ist es nicht ihm alleine geschuldet, dass neben der künstlerischen Qualität auch die Institution selbst in allen Belangen gut positioniert ist.[2] Allerdings lassen die Führungsqualitäten der Leiter deutscher Kultureinrichtungen in vielen Fällen nichts von einer solchen ganzheitlichen Betrachtung der Organisation erahnen. Die Verbesserung der Führung und der Qualität der Führungsarbeit wird entscheidend dazu beitragen, dass Evaluation als das professionelle, gängige Instrument genutzt wird, das es ist.

Evaluation als Chance

Institutionen sollten Evaluationen als Chance nach innen und außen betrachten. Die Institution wird durch Evaluationen gestärkt, die mit Sinn und Verstand durchgeführt werden, die sich an den festgesetzten Zielen orientieren und die langfristig versuchen, diese Ziele immer weiter zu erreichen. Die Institution wird sich durch erfolgreiche Evaluationen sehr viel bewusster über die Kompetenzen, die sie in sich birgt, und die auch hier wieder über die künstlerische Qualität hinausgehen.

---

[2] In einer Untersuchung im Rahmen einer Masterarbeit beschreibt Kai Kiiv zum Beispiel die Zusammenhänge in Symphonieorchestern in Bezug auf Teambildung und Teamzusammenarbeit. Sie kommt zu dem Schluss, dass es die Leistung der kaufmännischen und der künstlerischen Leitung ist, das Orchester neben der künstlerischen Leistung auch als Team zu positionieren. Weiterhin verdeutlicht sie die Wichtigkeit der Teamleistung auch für die langfristige Qualität der künstlerischen Leistung.

12.2 Empfehlungen für die Kulturpolitik

Standards für Evaluationen
Die Kulturpolitik sollte Evaluation nicht nur als Instrument der Kontrolle einsetzen – damit wird die Angst nicht gemindert. Es geht darum, die Institutionen zu ermutigen, Evaluationen als Selbstlernprozess anzuerkennen. Dazu gehört, dass die Politik für sich selbst zu Standards kommen sollte, wie Evaluationen in einem kontinuierlichen und langfristigen Prozess eingesetzt werden. Dieser Schritt beinhaltet eine Vernetzung von bestehenden Controllinginstrumenten und noch zu entwickelnden Evaluationsinstrumenten. Dabei sollte die Evaluation zielgerichtet sein auf eine kontinuierliche Verbesserung der Institutionen.

Regelmäßige Evaluationen
Durch den Vergleich von regelmäßig durchgeführten Evaluationen können Veränderungen, Verbesserungen und Zielerreichungen ermittelt werden. Diese Veränderungen wiederum geben Auskunft über die Institution als lernende Organisation und damit über die Potenziale, die eine Organisation innehat und die sie ausschöpft, um mit den gegebenen Ressourcen – weit über das Finanzbudget hinaus – umzugehen.

Zielvereinbarungen
Die Kulturverwaltung und die Kulturpolitik sollten mit den von ihnen geförderten Institutionen zu Zielvereinbarungen kommen, die über die Einhaltung von Budgets hinausgehen und solche Verbesserungen als Ziele mit einschließen, die die Prozesse und die Zusammenarbeit der einzelnen Teile einer Organisation betreffen. Nur so kommen die geförderten Institutionen mit den Fördergebern in einen inhaltlichen Austausch, der auch argumentatorisch dazu beiträgt, sich messbar besser aufzustellen.

Evaluation als Möglichkeit der Mittelumverteilung
Wie beschrieben fehlen der Kulturverwaltung und der Kulturpolitik oftmals die Spielräume, um neue Impulse zu setzen, Mittel neu zu verteilen oder die Erhöhung eines Budgets zu argumentieren. Eine Evaluation kann dazu beitragen, dass diese Notwendigkeiten sichtbar gemacht werden und neue Impulse gesetzt werden können.

Argumentation
Durch diese Instrumente und Methoden erhält die Politik wiederum Argumentationen, an denen Änderungen der Förderpolitik festgemacht werden können. So kann eine Basis geschaffen werden, anhand derer deutlich gemacht werden kann, weshalb Kürzungen oder Mehrausgaben gerechtfertigt sind.

12.3 Zusammenfassung

Zusammenfassend ist zu sagen, dass Evaluationen in der Kulturpolitik und den Institutionen noch viel mehr als bewusstes und natürliches Instrument eingesetzt werden sollten, um eine bessere Zusammenarbeit zu erreichen.

Die Verwaltung muss dabei noch stärker als Partner der Institutionen begriffen werden – nicht als Verhinderer, sondern als Bewahrer und Ermöglicher. Dazu können Evaluationssysteme ihren Beitrag leisten. Wichtig ist aber auch, dass sich die Verwaltungen noch besser aufstellen und sich über das fachliche Wissen hinaus als beratende Dienstleister für die Institutionen begreifen, die mit Fachkompetenz den Institutionen zur Seite stehen.

Die Institutionen sollten das öffentliche Budget nicht als gegeben betrachten, sondern nach noch besserer Leistung streben, um sich selbst für die Zukunft und deren neue Herausforderungen zu wappnen. Der Status der nicht veränderbaren institutionellen Förderung wird nicht unendlich aufrechtzuerhalten sein. Im Gegenteil wird die Forderung der Gesellschaft und der Politik noch stärker dahin gehen, sich zu beweisen und aufzuzeigen, wie mit öffentlichen Mitteln umgegangen wird.

Im Rahmen von gemeinsamen Optimierungsprozessen können Potenziale bei Organisationen aufgezeigt, geschaffen und erfolgreich genutzt werden. Vergleiche mit anderen Institutionen, anderen Bundesländern etc. sollten nicht gescheut, sondern genutzt werden. Eine Transparenz von Arbeitsvorgängen wird immer stärker gefordert und kann durch Evaluationen – als ein Instrument – geliefert werden.

Kommentierte Handbücher

Im Laufe der Jahre ist eine Anzahl von Handbüchern entstanden, die im Internet frei verfügbar sind und zum Download bereitstehen. Viele der Handbücher aus Großbritannien, Australien und den USA sind sehr sachdienlich und haben etwas, das deutsche Bücher manchmal vermissen lassen – die gesunde Mischung aus Theorie und anpackender Praxis, ohne dass das Buch gleich an Qualität verliert. Im Folgenden werden diese Handbücher, mit kleinen persönlichen Kommentaren und Einschätzungen der Autorin versehen, in einer Art kommentierten Handbuchbibliografie zusammengefasst. Weiterhin werden empfehlenswerte Web-Ressourcen und Apps beschrieben, die für Evaluationen hilfreich sein können.

Viel Spaß beim Lesen – und keine Sorge wegen einer Sprachbarriere: viele der Handbücher sind so aufgebaut, dass man sie auch mit nicht so guten Englischkenntnissen verstehen kann.

Guide to Social Return on Investment

Autor: New Economics Foundation
   Erscheinungsjahr: 2009
   Fundort: https://b.3cdn.net/nefoundation/aff3779953c5b88d53_cpm6v3v71.pdf
   Kommentar: Der Social Return on Investment ist wie im Buch beschrieben ein Instrument, das immer wichtiger wird – auch im kulturellen Bereich. Der vorliegende Guide gibt in einer gut übersichtlichen Form eine kurze Erklärung des

Instrumentes ab und beschreibt den SROI anhand von Beispielen. Die New Economics Foundation ist dabei eine der führenden Stiftungen, die sich schon lange mit dem Instrument beschäftigt und viele Projekte zu diesem Thema durchgeführt und begleitet hat.

Kursbuch Wirkung

Autor: Phineo
Erscheinungsjahr: 2018
Fundort: https://www.phineo.org/fuer-organisationen/kursbuch-wirkung
Kommentar: Das Kursbuch Wirkung von Phineo ist eine ausgezeichnete Ressource, die das Thema Wirkung leicht und einfach beleuchtet. Hier werden nicht nur die Grundlagen des Themas Wirkungsmessung erläutert, sondern es werden auch genaue Angaben zu einem Ablauf und zu Instrumenten gegeben. Das Buch nimmt den Leser wirklich an die Hand und führt ihn durch die einzelnen Prozesse und Schritte durch. Sehr empfehlenswert zu lesen.

Participatory Evaluation Essentials

Autor: Bruner Foundation
Erscheinungsjahr: 2010
Fundort: http://www.evaluativethinking.org/docs/EvaluationEssentials2010.pdf
Kommentar: Dieses englischsprachige Handbuch erklärt Schritt für Schritt die Evaluationslogik. Viele Praxisaufgaben und Checklisten ergänzen das Buch, sodass man jedes Kapitel gleich für die eigene Institution anwenden kann. Auch wenn das Handbuch nicht spezifisch auf den Kulturbereich zugeschnitten ist, so ist es doch sehr gut auf den Kulturbereich anwendbar. Gerade auch die Beispiele für Fragebögen und Survey am Ende des Buches können sehr hilfreich sein.

OECD Guide: Culture and Local Development: Maximising the Impact

Autor: OECD
Erscheinungsjahr: 2017
Fundort: https://www.oecd.org/cfe/leed/OECD-GUIDE-MUSEUMS-AND-LD-Dec-2017.pdf

Kommentar: Der finale Guide wird erst Ende 2018 veröffentlicht werden. Es handelt sich um ein Projekt der OECD, das darlegt, wie wichtig Museen für die Stadtgesellschaft sind. In dieser ersten Fassung wird ein Evaluationskonzept vorgestellt, das ganzheitlich aufzeigt, wie Museen sich positionieren sollten, um eine tragende Rolle in der Gesellschaft zu spielen. Dabei werden bei allen Aspekten immer Handlungsoptionen für die Museen *und* die lokale Politik aufgezeigt. Das ist an sehr innovativ und sinnvoll, da es verdeutlicht, wie eng beide Ebenen miteinander verzahnt sind. Spannend sind auch einige der Verbindungen, die vorgestellt werden: Museen sollten als Partner von Gefängnissen arbeiten, damit Straffällige sich mit Kunst und Kultur auseinandersetzen können. Weiterhin sollen sie Unternehmenspartnern aufzeigen, welche Teile ihrer Sammlung für das Unternehmen wichtig sein könnten – spannende Ansätze, die in 2018 europaweit in Pilotprojekten durchgeführt werden. Nach Auswertung dieser Pilotprojekte soll dann der Guide finalisiert werden.

Evaluating Community Arts and Community Well Being – Guide and Tools

Autor: Effective Change for Arts Victoria, Darebin City Council
Erscheinungsjahr: 2002
Fundort: www.arts.vic.gov.au
Kommentar: Schon der Leitfaden ist kurz und knackig und mit vielen Fragen und einzelnen Schritten gut nachzuvollziehen. Der Teil über Instrumente ist dann noch spannender geschrieben. Besonders gut sind die Tabellen, die Vorschläge dazu machen, wie man Ziele setzt, Indikatoren findet und einen Zeitplan aufsetzt. Weiterhin gibt es auch eine Vorlage, wie man einen Bericht schreibt und wie man ein Projekttagebuch führt.

Why bother? A book of ideas and encouragement

Autor: Voluntary Arts Wales
Erscheinungsjahr: 2004
Fundort: www.vaw.org.uk, ISBN: I 899687 41 6
Kommentar: *Eine der besten Broschüren* , die ich bei der Recherche zu diesem Buch gefunden habe. Viele der kleinen Helfer habe ich hier gefunden und auch das Uhrenmodell der Evaluation stammt aus diesem Booklet. Besonders interessant ist

auch der Anhang, in dem verschiedene *Fallbeispiele* dargestellt werden und in dem beschrieben wird, mit welchen Methoden und mit welchem Ergebnis die Evaluation gemacht wurde.

W.K. Kellogg Foundation Evaluation Handbook

Autor: W.K. Kellogg Foundation
 Erscheinungsjahr: 2017
 Fundort: https://www.wkkf.org/resource-directory/resource/2017/11/wk-kellogg-foundation-step-by-step-guide-to-evaluation
 Kommentar: Gute 260 Seiten umfasst dieses große und detaillierte Handbuch. In der Neuauflage von 2017 werden sehr ausführlich und anschaulich alle Aspekte von Evaluationen dargestellt und beschrieben. Die Wichtigkeit eines logic models wird erklärt und es gibt zu jedem Kapitel praktische Übungen. Es ist gut geschrieben und geht stärker in die Tiefe der Thematik. Durchaus lesenswert. Und es ist bereits die dritte Auflage, 1998 original entstanden, wurde es 2008 und 2017 überarbeitet.

Toolkit for evaluation arts projects in social inclusion areas

Autor: Jo Dean, Robina Goodlad, Christine Hamilton – University of Glasgow
 Erscheinungsjahr: 2001
 Fundort: Scottish Arts Council
 Kommentar: Das Handbuch ist gut geschrieben und in sehr kurzen Fließtexten werden die einzelnen Schritte und notwendigen Informationen gegeben. Allerdings sind einige andere Handbücher besser aufbereitet und besser lesbar. Besonders hervorzuheben an diesem Buch ist aber, dass es im Anhang *Leitfäden für Interviews, Fokusgruppengespräche und verschiedene Fragebögen gibt*. Weiterhin hilfreich ist das kleine, aber feine *Glossar* mit allen wichtigen Begriffen einer Evaluation, die noch einmal kurz beschrieben werden.

Your project and its outcomes

Autor: Sally Cupitt., Susan Ellis
 Erscheinungsjahr: 2003
 Fundort: Charities Evaluation Services, www.ces-vol.org.uk
 Kommentar: Das dünne Booklet sticht besonders durch die vielen Fallbeispiele hervor. Es fokussiert sich besonders auf das Thema Outcome. Neben den außer-

gewöhnlich netten grafischen Illustrationen ist es einfach zu lesen und gibt einem durch die vielen Beispiele hervorragende Anregungen und Ideen.

Working in partnership: A sourcebook

Autor: New Opportunities Fund
Erscheinungsjahr: nicht bekannt
Fundort: www.nof.org.uk
Kommentar: *Das Buch befasst sich mit dem Thema der Partnerschaften – der Validität und der Evaluation von Partnerschaften.* Anhand von mehr als zehn Fallbeispielen werden alle Schritte theoretisch durchgegangen und dann anhand der Praxisfälle real durchgespielt. Jedes Kapitel endet mit einer Checkliste, in der die behandelten Themen noch einmal so aufgearbeitet werden, dass man für sich selbst beantworten kann, ob man z. B. bereit ist, mit Partnern zusammenzuarbeiten.

Self-Evaluation

Autor: Arts Council England
Erscheinungsjahr: 2005
Fundort: www.artscouncil.org.uk
Kommentar: Hierbei handelt es sich um ein sehr dünnes, aber hilfreiches Booklet *zum Thema der Eigenevaluation.* Auf sieben Seiten wird hier darauf eingegangen, warum Evaluation nicht nur dem Arts Council hilft, sondern auch dem Künstler und der Kulturinstitution. Neben den wichtigen Argumenten für Evaluationen wird auch ganz grob ihr Ablauf etc. beschrieben. Am Ende werden noch weitere Leitfäden und Quellen angegeben, unter denen man mehr Informationen finden kann. Einige davon sind auch in diesem Buch aufgeführt.

Webressourcen

betterevaluation.org

Die Seite betterevaluation.org ist eine ausgezeichnete Online-Ressource, die unterschiedlichste Instrumente und Verfahren gut beschreibt. Sie ist auf Englisch und sammelt Methoden, Abläufe, Frameworks, Literatur und bietet alle diese Informationen kostenfrei an. Die Seite ist eine hervorragende Ressource, wenn man schon ein wenig weiß, wonach man sucht. Für komplette Neulinge zu dem Thema könnte die Seite etwas überfordernd sein.

ngo-ideas.net

Die Seite fokussiert sich nicht nur auf den Kulturbereich, sondern auf nongovernmental organisations im Generellen. Dies ist allerdings eher ein Vorteil, da Bereiche wie die Entwicklungszusammenarbeit oder auch die Bildungsarbeit in manchen Bereichen der Evaluation schon weiter sind und man sich gut Erfahrungen aus diesen Bereichen abholen kann. Die Seite beschäftigt sich ausschließlich mit Monitoring und Evaluation in ihren unterschiedlichen Facetten. Auch wenn das Design eher altmodisch aussieht, sind die Instrumente und Ressourcen auf dem neuesten Stand.

Tiny Tools auf ngo-ideas.net

Eine besondere Erwähnung hat die Unterseite von ngo-ideas.net verdient. Da viele Institutionen die Befürchtung haben, dass Evaluationen immer viel Geld kosten müssen und viel Zeit brauchen, ist es umso wichtiger, auf verschiedene kleine Tools hinzuweisen, die sehr effektiv und schnell Wirkungen sichtbar machen können. Ein Teil der Tiny Tools sind in diesem Buch näher beschrieben, aber es lohnt sich das, Dokument genauer zu studieren.

evaluativethinking.org

Diese Unterseite der amerikanischen Bruner Foundation ist ein guter Fundort für alles, was mit Evaluation und Organisation zu tun hat. Die Bruner Foundation kümmert sich dabei besonders um die Aspekte der Effektivität von Non-Profits und der Überprüfung und Verbesserung dieser Effektivität. Eines der Handbücher, das entstanden ist, wird auch weiter oben bei den Handbüchern beschrieben. Weiter spannend ist der Gedanke des Netzwerkens, den die Bruner Foundation hier mit einbringt.

knowhownonprofit.org

Dies ist die Website des britischen National Council for Voluntary Action. Diese Website verfügt über eine große Menge an Dokumenten und Hilfestellungen für Non-Profit-Organisationen. Dabei geht es um ganz unterschiedliche Themen wie ehrenamtliche Vorstände, digitale Kenntnisse, Finanzen etc. Teil der Seite ist aber auch ein Self-Assessment-Tool, um sich selbst zu evaluieren.

inspiringimpact.org

Diese webbasierte Lösung ist ein Self-Assessment-Tool namens „Measuring up" – hier können Institutionen passend zu ihrer Größe ein Self-Assessment durchführen. Dieses Self-Assessment-Tool besteht aus den Bereichen Plan, Do, Assess, Review and Report. In jedem Kapitel gibt es vielfältige Fragen, die man beantwortet, um am Ende eine Einschätzung der Fähigkeiten der eigenen Institution zu erhalten. Dieses Instrument ist ein Service der britischen Institution NCVO (National Council for Voluntary Action).

Apps für schnelles Feedback

Inzwischen gibt es einige Anbieter, die es erlauben, per Smartphone schnelles und unkompliziertes Feedback einzuholen. Dazu gehören die folgenden Apps:
   Mentimeter (www.mentimeter.com)
   Mentimeter ist eine webbasierte App, mit der man sehr schnell und einfach digitale Reaktionen einholen kann. Das können einfache oder multiple choice Fragen sein, aber auch word clouds können gut visualisiert werden.

Surveydoc (https://surveydoc.de/)

Hierbei handelt es sich um eine App, mit der Online-Befragungen durchgeführt und einfach ausgewertet werden können. Diese App ist offline bedienbar, man braucht sich nicht zu registrieren, wenn man nur ein einziges Endgerät benutzt. Die App ist kostenfrei, wenn man es nur mit einem Endgerät verbindet. Wenn man den gleichen Fragebogen und gemeinsame Auswertungen mit mehreren Endgeräten gleichzeitig durchführen möchte, muss man sich die „Professional"-Version zulegen. Das Design ist cool und schlicht, aber trotzdem ansprechend. Es gibt viele Fragetypen: Datum, Bild, Sterne, Smiley, Rating, Ja/Nein, Checkbox, Unterschrift, Link zu einer Webseite, Auswahlliste und man kann die Daten einfach für einen bestimmten Zeitraum (Tag, Woche, Monat) exportieren.

QuickTabSurvey https://www.quicktapsurvey.com/

Auch hierbei handelt es sich um eine Umfrage-App, die offline bedienbar ist. Diese ist allerdings kostenpflichtig (es gibt Monats- und Jahrestarife). Insgesamt ist es professioneller als andere Apps, die Umfragen werden z. B. je nach Endgerät unterschiedlich angezeigt. Es wird ein Template zur Erstellung der Fragebögen zur Verfügung gestellt (beim 360°-Review sind beispielsweise Fragen vorgegeben, die man einfach auswählen kann) und man kann alle möglichen Sprachen auswählen. Der Fragebogen kann mobil und online ausgefüllt werden. Es kann ein sogenannter „Kiosk-Modus" eingestellt werden (d. h. das Endgerät wird irgendwo hingelegt und diejenigen, die den Fragebogen ausfüllen, können nicht auf die anderen Funktionen – Apps, Kontakte, Nachrichten etc. – des Geräts zugreifen, man braucht ein vorher eingestelltes Passwort oder eine Tastenkombination, um aus dem Modus zu kommen). Online hat man eine direkte Übersicht über die Antworten und kann diese herunterladen.

Literatur

Bücher und Artikel

Baecker 2008 – Baecker, Dirk: Zur Evaluation kultureller Projekte, in: Zeitschrift für Evaluation 7, Heft 1, Saarbrücken 2008, S. 97–111

Bastian 2000 – Bastian, Hans Günther (mit A. Kormann, R. Hafen und M. Koch): Musik(-erziehung) und ihre Wirkung. Eine Langzeitstudie an Berliner Grundschulen, Mainz 2000, Schott Verlag

Baumol/Bowen 1965 – Baumol, W.J.; Bowen, W.G.: On the Performing Arts: the anatomy of their economic problems, 1965, AER (American Economic Review)

Birnkraut/Heller 2008 – Birnkraut, Gesa; Heller, Volker: Evaluation als Grundlage und Instrument kulturpolitischer Steuerung, Wolfenbütteler Akademie-Texte, Band 34: Bundesakademie für kulturelle Bildung, Wolfenbüttel 2008

Bockhorst 2008 – Bockhorst, Hildegard: Evaluation als Instrument kulturpolitischer Steuerung – Folgerungen, in: Ermert, Karl (Hrsg.): Evaluation als Grundlage und Instrument kulturpolitischer Steuerung, Wolfenbütteler Akademie-Texte, Band 34: Bundesakademie für kulturelle Bildung, Wolfenbüttel 2008, S. 28

Böttcher et al. (2014) – Böttcher, Wolfgang et. al. (Hrsg.): Evaluation in Deutschland und Österreich, Münster 2014, Waxmann Verlag

Diekmann 2007 – Diekmann, Andreas: Empirische Sozialforschung – Grundlagen, Methoden, Anwendungen, Hamburg 2007, Rowohlt Taschenbuchverlag, S. 209

Flick 2009 – Flick, Uwe: An Introduction to qualitative research, Sage Publications 2009, S. 222

Fuchs 2004 – Fuchs, Max: Evaluation in der Kulturpolitik – Evaluation von Kulturpolitik, in: Ermert, Karl (Hrsg.): Evaluation in der Kulturförderung. Über Grundlagen kulturpolitischer Entscheidungen, Wolfenbütteler Akademie-Texte, Band 18: Bundesakademie für kulturelle Bildung, Wolfenbüttel 2004

Kehl, et al. (2012) – Kehl, Konstantin, Then, Volker, Münscher, Robert: Social Return on Investment: auf dem Weg zu einem integrativen Ansatz der Wirkungsforschung, in: Anheier, H.; Schröer, A.; Then, V. (Hrsg.): Soziale Investitionen. Interdisziplinäre Perspektiven, Wiesbaden 2012, VS Verlag für Sozialwissenschaften, S. 313–331

Krohn 2003 – Krohn, Axel: Kundenorientierung am Theater, in: Loock, Friedrich; Birnkraut, Gesa (Hrsg.): Kultur im Dialog mit Politik und Gesellschaft, KMM-Reader, Band 1, Institut für Kultur- und Medienmanagement, Hamburg 2003, S. 15

Kromrey 2016 – Kromrey, Helmut; Roose, Jochen; Strübing, Jörg: Empirische Sozialforschung, 13. Auflage, Konstanz 2016, utb Verlag

Kuß 2018 – Kuß, Alfred: Marktforschung – Datenerhebung und Datenanalyse, Wiesbaden 2018, Springer VS Verlag

Kurz 2018 – Kurz, Bettina; Kubek, Doreen (2018): Kursbuch Wirkung, 5. Auflage 2018, Phineo Berlin

Munro 2009 – Munro, Patricia; Siekierski, Eva; Weyer, Monika: Wegweiser Evaluation, München 2009, oekom Verlag, S. 44 ff.

Pröhl 1997 – Pröhl, Marga (Hrsg.): Wirkungsvolle Strukturen im Kulturbereich, Band 1–6, Gütersloh 1995–1997, Bertelsmann Stiftung

Reichelt 2009 – Reichelt, Daniel: SROI – Social Return on Investment, Hamburg 2012, Diplomica Verlag

Reussner 2010 – Reussner, Eva M.: Publikumsforschung für Museen, Internationale Erfolgsbeispiele, Bielefeld 2010, transcript Verlag, S. 146, S. 177, S. 187, S. 219

Schneider 2008 – Schneider, Vera: Evaluation: Theoretische und praktische Fragen zur Entwicklung im Kulturbereich, in: Ermert, Karl (Hrsg.): Evaluation als Grundlage und Instrument kulturpolitischer Steuerung, Wolfenbütteler Akademie-Texte, Band 34: Bundesakademie für kulturelle Bildung, Wolfenbüttel 2008, S. 21 f.

Singer 2005 – Singer, Otto: Kulturpolitik in der Schweiz: Der neue Kulturartikel und die Neugestaltung der bundesstaatlichen Kulturförderung, Wissenschaftliche Dienste des Deutschen Bundestages; Fachbereich X: Kultur und Medien, 2005

Stockmann 2004 – Stockmann, Reinhard: Was ist eine gute Evaluation?, in: Ermert, Karl (Hrsg.): Evaluation in der Kulturförderung. Über Grundlagen kulturpolitischer Entscheidungen, Wolfenbütteler Akademie-Texte, Band 18: Bundesakademie für kulturelle Bildung, Wolfenbüttel 2004, S. 47, S. 57, S. 59

Stockmann 2007 – Stockmann, Reinhard: Handbuch zur Evaluation – Eine praktische Handlungsanleitung, Münster 2007, Waxmann Verlag

Stockmann/Meyer 2010 – Stockmann, Reinhard; Meyer, Wolfgang: Evaluation – Eine Einführung, Opladen & Bloomfield Hills 2010, Verlag Barbara Budrich, S. 15, S. 20, S. 64, S. 66, S. 73

Van den Berg 2009 – Van den Berg, Karen: Postaffirmatives Kulturmanagement – Überlegungen zur Neukartierung kulturmanagerialer Begriffspolitik, in: Bekmeier-Feuerhahn, Sigrid; Van den Berg, Karen; Höhne, Steffen; Keller, Rolf; Koch, Angela; Mandel, Birgit; Tröndle, Martin; Zembylas, Tasos (Hrsg.): Forschen im Kulturmanagement, Jahrbuch für Kulturmanagement 2009, Bielefeld 2009, transcript Verlag, S. 97 ff.

Wegner 2008 – Wegner, Nora: Vorab-Evaluation als Antwort auf aktuelle Herausforderungen an Museen, in: Keller, Rolf; Schaffner, Brigitte; Seger, Bruno (Hrsg.): spiel-plan: Schweizer Jahrbuch für Kulturmanagement 2007/2008, Bern, Stuttgart, Wien 2008

Wimmer 2008 – Wimmer, Michael: Kunst, Kultur und Evaluierung – einige grundlegende Überlegungen zu einem prekären Verhältnis, in: Ermert, Karl (Hrsg.): Evaluation als Grundlage und Instrument kulturpolitischer Steuerung, Wolfenbütteler Akademie-Texte, Band 34: Bundesakademie für kulturelle Bildung, Wolfenbüttel 2008

Literatur 143

Berichte und Skripte

Blumenreich 2008 – Blumenreich, Ulrike (Kulturpolitische Gesellschaft): Vortrag auf der Jahrestagung der Deutschen Gesellschaft für Evaluation (DeGEval) am 04.04.2008, Folie Nummer 19; http://www.degeval.de/calimero/tools/proxy.php?id=17495 (Zugriff am 26.05.2010)

Charities 2002 – Charities evaluation services: First steps in monitoring and evaluation, London 2002 – http://www.ces-vol.org.uk/index.cfm?format=21

Community Tool Box 2018; https://ctb.ku.edu/en/table-of-contents/overview/model-for-community-change-and-improvement/evaluation-model/main (Zugriff am 01.06.2018)

Culture at a first glance 2016 – Ministry of Education, Culture and Science – https://www.government.nl/documents/publications/2017/04/21/culture-at-a-first-glance

Cultural Policies 2016 – Country Profile Netherlands – https://www.culturalpolicies.net/down/netherlands_112016.pdf

Darebin City Council 2002 – Effective Change for Arts Victoria, Darebin City Council (Hrsg.): Evaluating Community Arts and Community Well Being – Guide and Tools, Southbank 2002

DeGEval 2008 – DeGEval Gesellschaft für Evaluation e.V.: Steuerung braucht Evaluation – Positionspapier 01, 2008 – http://www.degeval.de/calimero/tools/proxy.php?id=19115

DeGEval 2016 – Standards für Evaluation – https://www.degeval.org/degeval-standards-alt/kurzfassung/

DeGEval 2017 – Positionspapier 10, 2017 – https://www.degeval.org/publikationen/positionspapiere/

De Perrot/Wodiunig 2008 – De Perrot, Anne-Catherine; Wodiunig, Tina: Evaluieren in der Kultur – Warum, was, wann und wie? Ein Leitfaden für die Evaluation von kulturellen Projekten, Programmen, Strategien und Institutionen, hrsg. von Migros-Kulturprozent und der Schweizer Kulturstiftung Pro Helvetia, 2008, S. 5 ff., S. 97

Deutscher Bundestag 2005 – Enquete-Kommission: Schlussbericht „Kultur in Deutschland", 2007, eingesetzt durch Beschluss des Deutschen Bundestages vom 15. Dezember 2005; http://dipbt.bundestag.de/dip21/btd/16/070/1607000.pdf

Fehling et al. 2008 – Fehling, Hans-Werner/ Müller-Wesemann, Barbara/ Volk, Inge: Gutachten – Evaluation der Hamburger Privattheater, Hamburg 2008; http://www.hamburg.de/pressearchiv/263628/2008-06-05-kb-privattheaterevaluation.html

Haselbach et al. 2010 – Haselbach, Dieter et al.: Evaluation Stadtteilkultur Hamburg, Bericht 9. Juni 2010; http://www.hamburg.de/contentblob/2329580/data/evaluationsbericht-icg-stadtteilkultur.pdf (Zugriff am 26.06.2010)

Keller 1997 – Keller, Rolf et al.: Ein Leitfaden für die Evaluation von Kulturprojekten – Kulturschaffen mit knappen Mitteln effizient ermöglichen, Konferenz der Schweizer Städte für Kulturfragen (KSK), Konferenz der kantonalen Kulturbeauftragten, Schweizer Kulturstiftung Pro Helvetia 1997, S. 3

Kellogg 2017 – W.K. Kellogg Foundation: Evaluation Handbook, 1998, S. 9; https://evaluationguide.wkkf.org/

Key figures Culture and Media 2016 – Ministry of Education, Culture and Science Netherlands

Kulturstatistik 2008: Statistische Ämter des Bundes und der Länder (Hrsg.): Kulturstatistiken. Kulturindikatoren auf einen Blick – ein Ländervergleich, Wiesbaden, Ausgabe 2008

Kunsthalle 2007 – Hamburger Kunsthalle (Hrsg.): Kultur als Wirtschafts- und Imagefaktor – Die Caspar David Friedrich-Ausstellung in Hamburg, Hamburg 2007, S. 34

Kurz 2018 – Kurz, Bettina; Kubek, Doreen (2018): Kursbuch Wirkung, 5. Auflage 2018, Phineo Berlin

Moriarty 2002 – Moriarty, Gerri: Sharing Practice: a guide to self-evaluation in the context of social exclusion, Arts Council England 2002, p. 17

South 2009 – South, Joanne: Fundraising Fact sheets, 2009, Arts and Business Council – http://www.aandb.org.uk/Media%20library/Files/England%20arts%20services/Fundraising%20toolkit/09jul_artstk_return_on_investment.pdf (Zugriff am 01.06.2010)

Statistisches Bundesamt (Destatis) (Hrsg.): Kulturfinanzbericht 2022 – https://www.destatis.de/DE/Publikationen/Thematisch/BildungForschungKultur/Kultur/Kulturfinanzbericht1023002169004.pdf?__blob=publicationFile

Statistik Schweiz 2022 – BAK: Taschenstatistik 2022 – https://www.bak.admin.ch/bak/de/home/themen/kulturstatistiken.html (Zugriff am 23.1.2024)

Stockmann 2002 – Stockmann, Reinhard: Qualitätsmanagement und Evaluation – Konkurrierende oder sich ergänzende Konzepte?, Centrum für Evaluation, CEval-Arbeitspapiere: 3, Saarbrücken 2002, S. 11

Tourismusverband 2006 – Deutscher Tourismusverband e. V. (Hrsg.): Städte- und Kulturtourismus in Deutschland, Bonn 2006; http://www.deutschertourismusverband.de/content/files/staedtestudie_langfassung.pdf

Tourismusverband 2018 – Deutscher Tourismusverband e. V. (Hrsg.): Zahlen, Daten, Fakten 2017 – https://www.deutschertourismusverband.de/fileadmin/Mediendatenbank/Bilder/Presse/Presse_PDF/ZDF_2017.pdf

Voluntary Arts Network 2004 – Voluntary Arts Network (Hrsg.): Monitoring and Evaluating your Arts Event – Why Bother? A Book of Ideas and Encouragement, Cardiff 2004

Websites

Alomoto William, Niñerola Angels & Pié Laia, Social Impact Assessment: A Systematic Review of Literature, Social Indicators Research, 161, 1, 225, 250, https://doi.org/10.1007/s11205-021-02809-1

Arts and Business 2010 – Arts and Business Council England – http://www.artsandbusiness.org.uk

Arts Council 2018 – Arts Council England – http://www.artscouncil.org.uk – https://www.artscouncil.org.uk/sites/default/files/download-file/Funding%20Arts%20and%20Culture%20in%20a%20time%20of%20Austerity%20(Adrian%20Harvey).pdf (Zugriff am 04.07.2018); https://www.artscouncil.org.uk/about-us/our-mission-and-strategy-0 (Zugriff am 04.07.2018); https://www.artscouncil.org.uk/our-organisation/area-councils (Zugriff am 04.07.2018); https://www.artscouncil.org.uk/self-evaluation-toolkit-faqs (Zugriff am 04.07.2018); https://www.artscouncil.org.uk/our-ten-year-strategy-2020-2030/our-next-strategy-timeline (Zugriff am 04.07.2018)

Arts Council 2024 – Arts Council England – http://www.artscouncil.org.uk – http://www.artscouncil.org.uk/about-us/investment-in-arts/ (Zugriff am 23.1.24); http://www.artscouncil.org.uk/about-us/the-council/ (Zugriff am 23.1.24); http://www.artscouncil.org.uk/about-us/research/public-value-programme/about-public-value-programme/ (Zugriff am 23.1.24); http://www.artscouncil.org.uk/funding/grants-arts/ (Zugriff am 23.1.24);

whttp://www.artscouncil.org.uk/publication_archive/public-investment-in-the-arts-a-decade-of-change/ (Zugriff am 23.1.24); http://www.artscouncil.org.uk/publication_archive/the-arts-debate-about-the-consultation/ (Zugriff am 23.1.24)

Auswärtiges Amt 2010 – Auswärtiges Amt – http://www.auswaertiges-amt.de, http://www.auswaertiges-amt.de/diplo/de/Laenderinformationen/Niederlande/Kultur-UndBildungspolitik.html#t5 (Zugriff am 25.02.2010)

BAK 2024 – https://www.bak.admin.ch/bak/de/home/themen/kulturbotschaft/dokumente.html (Zugriff am 24.1.24)

BBC 2010 – http://www.bbc.com/news/entertainment-arts-11582070 (Zugriff am 06.06.2018)

Benjamin, Kehn M./ Campbell, David A. (2020): Evaluation and performance measurement, S. 197–212, erschienen in: Anheier, Helmut; Toepler, Stefan (2020): The Routledge Companion to Nonprofit Management, Routledge, New York

Better evaluation 2014 – https://www.betterevaluation.org/sites/default/files/Rainbow%20Framework%20-%20compact%20version-de.pdf (Zugriff am 01.06.2018)

Better evaluation 2023: https://www.betterevaluation.org/methods-approaches/methods/evaluation-standards, abgerufen am 28.8.2023

bik Bremer Institut für Kulturforschung – http://www.kultur.bik.uni-bremen.de, http://www.kultur.bik.uni-bremen.de/aktivitaeten/evaluation.html (Zugriff am 09.04.2010)

Black, R., Busby, J., Dabelko, G.D., de Coning, C.,Maalim, H., McAllister, C.,Ndiloseh, M.,Smith, D., Alvarado, J., Barnhoorn, A., Bell, N., Bell-Moran, D., Broek, E., Eberlein, A., Eklöw, K.,Faller, J., Gadnert, A., Hegazi, F., Kim, K., Krampe, F., Michel, D., Pattison, C., Ray, C., Remling, E., Salas Alfaro, E., Smith, E., & Staudenmann, J., (2022) Environment of Peace: Security in aNew Era of Risk. Stockholm International Peace Research Institute. https://doi.org/10.55163/LCLS7037

Boin (2020): Boin, Arjen; Ekengren, Magnus; Rhinard, Mark (2020): Hiding in plain sight: Conceptualizing the creeping crisis, erschienen in: Risks, Hazards & Crisis in Public Policy, vol. 11, No.2, 116–138, https://doi.org/10.1002/rhc3.12193, Wiley Periodicals

Brandeins 2014 – https://www.brandeins.de/magazine/brand-eins-wirtschaftsmagazin/2016/richtig-bewerten/das-leben-der-moglis (Zugriff am 24.06.2018)

Bühnenverein 2023 Bundesverband der Theater und Orchester – http://www.buehnenverein.de/de/publikationen-und-statistiken/statistiken/theaterstatistik.html

Bundesamt der Kultur BAK – http://www.bak.admin.ch, http://www.bak.admin.ch/themen/kulturpolitik/00450/index.html?lang=de (Zugriff am 25.02.2010)

Bundesregierung 2010 – Deutsche Bundesregierung, Beauftragter für Kultur und Medien – http://www.bundesregierung.de, http://www.bundesregierung.de/Webs/Breg/DE/Bundesregierung/BeauftragterfuerKulturundMedien/beauftragter-fuer-kultur-und-medien.html (Zugriff am 02.05.2010)

Centrum für Evaluation – http://www.ceval.de

Charities 2010 – Charities evaluation services – http://www.ces-vol.org.uk, http://www.ces-vol.org.uk/index.cfm?format=21 (Zugriff am 12.02.2010)

Crepaz, Katharina (2023): Soziale Innovationen und transformative Befähigung im „Zeitalter der Krisen", erschienen in: Promoting social innovation and solidarity through transformative processes of thought and action: A Lifetime for Social Change – Tribute to Susanne Elsen, pp.311–322 Bolzano University Press 2023 https://doi.org/10.13124/9788860461926_17

Cultuur 2010 – Raad voor Cultuur – http://www.cultuur.nl – http://www.cultuur.nl/files/pdf/vooradvies0912/innoveren_participeren.pdf (Zugriff am 18.03.2010)

Cultuur 2018 – Raad voor Cultuur – https://www.cultuur.nl/english/the-future-of-the-basic-infrastructure-for-culture/item3669

Culture 2024– Department for culture, media and sport – https://www.nao.org.uk/wp-content/uploads/2024/01/dcms-departmental-overview-2022-23.pdf (Zugriff am 12.1.2024

Cultuursubsidie 2010 – Ministerie van Onderwijs, Cultuuren en Wetenschap – http://www.cultuursubsidie.nl – http://www.cultuursubsidie.nl/downloads%20OCW/Subsidieplan%20Kunst%20van%20Leven%202009-2012.pdf (Zugriff am 15.02.2010); http://www.cultuursubsidie.nl/node/135 (Zugriff am 10.02.2010); http://www.cultuursubsidie.nl/node/135 (Zugriff am 20.07.2010)

Cultuursubsidie 2024 – https://www.cultuursubsidie.nl/over-het-cultuurstelsel/subsidieperiode-2021-2024 abgerufen am 24.1.2024

Davies (2005): Davies & Dart 2005: The 'Most Significant Change' (MSC) Technique: A Guide to Its Use", https://doi.org/10.13140/RG.2.1.4305.3606

DeGEval 2010 – Deutsche Gesellschaft für Evaluation – http://www.degeval.de – http://www.degeval.de/calimero/tools/proxy.php?id=17495 (Zugriff am 26.05.2010)

DEGEVAL (2016) Standards für Evaluation, ISBN 978-3-941569-06-5

Deutsche Gesellschaft für Qualität – http://www.dgq.de

Deutscher Bundestag 2010 – Deutscher Bundestag – http://www.bundestag.de, http://dipbt.bundestag.de/dip21/btd/16/070/1607000.pdf (Zugriff am 03.05.2010)

Deutscher Tourismusverband e. V.: Tourismusverband 2010 – http://www.deutschertourismusverband.de, http://www.deutschertourismusverband.de/content/files/staedtestudie_langfassung.pdf (Zugriff am 10.4.2010)

Deutscher Spendenrat 2023: (1. Februar 2023) Höhe der privaten Geldspenden in Deutschland zwischen 2005 und 2022 (in Mill. Euro) in Statista: https://de.statista.com/statistik/daten/studie/36924/umfrage/geldspenden-in-deutschland/#:~:text=Im%20Jahr%202022%20betrug%20die,rund%205%2C67%20Milliarden%20Euro. Zugriff am 24.1.2024

EU 2018 – http://ec.europa.eu/europeaid/prag/document.do?isAnnexes=true (Zugriff am 10.05.2018)

Evaluation of the Arts Residence Project – http://www.dccd.dk/dccd/cku.nsf, http://www.dccd.dk/DCCD/cku.nsf/doc/evalres (Zugriff am 05.03.2010)

Falk, John H. (2022): The Value of Museums, Rowman & Littlefield, London

Fehlmann, Beat (2021): Das Ludwigshafener Wirkungsmodell, erschienen in: theaer.welten 1/2021, DUZ medienwelten

Felber Christian, 2014, Die Gemeinwohl-Ökonomie, Carl Hanser Verlag

Geels (2007): Geels, F. W.; Schot, J. (2007): Typology of Sociotechnical Transition Pathways. In: Research Policy 36, 2007, p. 399–417.

Gerlitz, Johannes Maria (2023): udience Development mittels Besucher*innen. Eine Programmevaluation im Theaterbetrieb. https://phbl-opus.phlb.de/frontdoor/deliver/index/docId/956/file/Dissertation_Gerlitz.pdf abgerufen am 26.1.2024

Head, B. W. (2022). Wicked Problems in Public Policy : Understanding and Responding to Complex Challenges. Springer International Publishing AG.

Hennefeld, Vera; Stockmann, Reinhard (Hrsg.) 2013: Evaluation in Kultur und Kulturpolitik, Sozialwissenschaftliche Evaluationsforschung Band 11, waxmann Verlag

Literatur

Honeyman, Ryan (2019) – The B Corp Handbook, Berret Koehler Publishers
Institute for Learning Innovation; http://www.ilinet.org
IFS 2015 – https://www.ifs.org.uk/tools_and_resources/fiscal_facts/public_spending_survey/cuts_to_public_spending
Kulturbotschaft Schweiz 2016–2020 – https://www.admin.ch/opc/de/federal-gazette/2015/497.pdf (Zugriff am 04.07.2018)
Kulturkreis der deutschen Wirtschaft im BDI e.V. – http://www.kulturkreis.org
Kultusministerkonferenz – http://www.kmk.eu
Landesrat für Stadtteilkultur, Behörde für Kultur, Sport und Medien – http://www.hamburg.de/landesrat – \ http://www.hamburg.de/contentblob/2329580/data/evaluationsbericht-icg-stadtteilkultur.pdf (Zugriff am 26.06.2010)
Landkreis Osnabrück (2017): Kultur als Wirtschaftsfaktor (https://www.landkreis-osnabrueck.de/sites/default/files/pdf-to-image/kulturberichtiii_webversion_0.pdf) abgerufen am 24.1.2024
Liersch 2022: Spartenbericht Soziokultur und Kulturelle Bildung, Statistisches Bundesamt
Mack, Oliver; Khare, Anshuman; Krämer, Andreas; Burgartz, Thomas (2016): Managing in a VUCA World, Springer Cham, https://doi.org/10.1007/978-3-319-16889-0
Marquis Christopher, 2020, Better Business, Yale University Press
Ministerie van Onderwijs, Cultuuren en Wetenschap (englische Version) – http://english.minocw.nl – http://www.minocw.nl/english/culture/1251/Distribution-of-art-subsidies-in-20092012.html (Zugriff am 12.03.2010); http://www.minocw.nl/english/culture/1252/The-new-subsidy-system-for-the-arts.html (Zugriff am 12.03.2010)
National Endowment for the Arts – http://arts.endow.gov – http://arts.endow.gov/grants/apply/out/faq.html (Zugriff am 21.03.2010)
Nef 2018 – https://b.3cdn.net/nefoundation/aff3779953c5b88d53_cpm6v3v71.pdf
new economics foundation (nef) (2012): Measuring well-being A guide for practitioners (https://neweconomics.org/2012/07/measuring-wellbeing, abgerufen am 22.1.2024)
Niederlande Net 2010 – Zentrum für Niederlande-Studien der Westfälischen Wilhelms-Universität Münster – http://www.uni-muenster.de/HausDerNiederlande/zentrum/ – http://www.uni-muenster.de/NiederlandeNet/nl-wissen/kultur/vertiefung/kulturpolitik/kulturfoerdersystem.html (Zugriff am 20.07.2010); http://www.uni-muenster.de/NiederlandeNet/nl-wissen/kultur/vertiefung/kulturpolitik/raadvoorcultuur.html (Zugriff am 20.07.2010)
Nordmetall (2023): https://www.nordmetall-stiftung.de/projekte/think-tank-museen-wirken/ abgerufen am 1.9.2023
OECD (2019):Better Criteria for Better Evaluation, https://www.oecd.org/dac/evaluation/revised-evaluation-criteria-dec-2019.pdf, abgerufen am 25.8.2023
OECD/ICOM (2019), "Culture and local development: maximising the impact: A guide for local governments, communities and museums", OECD Local Economic and Employment Development (LEED) Papers, No. 2019/07, OECD Publishing, Paris, https://doi.org/10.1787/9a855be5-en.
Portal der Stadt Hamburg http://www.hamburg.de ; http://www.hamburg.de/pressearchiv/263628/2008-06-05-kb-privattheaterevaluation.html (Zugriff am 16.03.2010)
Pro Helvetia 2023 – Schweizer Kulturstiftung Pro Helvetia – http://www.prohelvetia.ch, http://www.prohelvetia.ch/Kulturfoerderung-in-der-Schwei.65.0.html?&L=0 (Zugriff am 25.02.2024)

Sanchez-Hernandez, Maria Isabel et al. (2021) – Entrepreneurship in the fourth sector, Springer

Schleswig-Holstein 2010 – Portal des Landes Schleswig-Holstein – http://www.schleswig-holstein.de – http://www.schleswig-holstein.de/STK/DE/Schwerpunkte/Haushaltskonsolidierung/DasKonzept/dasKonzept_node.html (Zugriff am 02.03.2010)

Scharmer, O. (2018): The Essentials of Theory U: Core Principles and Applications. Oakland, CA:Berrett-Koehler Publishers.

societal impact 2023: https://societalimpact.de/mapping/ abgerufen am 31.8.2023

Spaapen (2011): Spaapen J. & van Drooge L., Introducing 'productive interactions' in social impact assessment, Research Evaluation, 20(3), 211–218, https://doi.org/10.3152/095820211X12941371876742

SROI („Balu und Du") 2014 – http://www.balu-und-du.de/fileadmin/user_upload/2015_Was_bringt__s_SROI-Analyse_Balu_und_Du.pdf

Statistisches Bundesamt – http://www.statistik-portal.de – http://www.statistik-portal.de/statistik-portal/kulturfinanzbericht_2022.pdf (Zugriff am 24.1.2024)

Stiftung ZEWO 2018 – https://impact.zewo.ch/de/wirkungsmessung/hilfsmittel/logical_framework_approach (Zugriff am 10.05.2018)

Stufflebeam, Daniel L. (2015): CIPP Evaluation Model Checklist. A Tool for Ap- plying the CIPP Model to Assess Projects and Programs, Kalamazoo, Michigan.

Stufflebeam, Daniel L. / Guili Zhang (2017): The CIPP evaluation model. How to evaluate for improvement and accountability, New York.

Taillard Michael, 2017, Aspirational Revolution – The purpose-driven economy, Springer Nature

Turtel (2021): Turtle Jess & Turtle Matt, 2021, Hidden in Plain Sight: Power, dehumanisation and (mis)representation in homelessness, Clayton O., , Representing Homelessness, Processdings of the British Academy, Oxford University Press, Oxford Hidden in Plain Sight: Power, dehumanisation and (mis)representation in homelessness

Vandenbroeck, Philippe (2012): Working with wicked problems, A publication bythe King Baudouin Foundation,rue Brederodestraat 21, 1000 Brussels

zur Bonsen, Matthias / Maleh, Carole (2012): Appreciative Inquiry (AI): Der Weg zu Spitzenleistungen, Beltz Verlag, 2. Auflage

SPRINGER NATURE

GPSR Compliance

The European Union's (EU) General Product Safety Regulation (GPSR) is a set of rules that requires consumer products to be safe and our obligations to ensure this.

If you have any concerns about our products, you can contact us on ProductSafety@springernature.com

In case Publisher is established outside the EU, the EU authorized representative is:

Springer Nature Customer Service Center GmbH
Europaplatz 3
69115 Heidelberg, Germany

The manufacturer's authorised representative in the EU is Springer Nature Customer Service Centre GmbH, Europaplatz 3, 69115 Heidelberg, Germany. If you have any concerns regarding our products, please contact ProductSafety@springernature.com

Printed and bound by CPI Group (UK) Ltd, Croydon, CR0 4YY

24/03/2026

02077755-0006